Rosa Villacastín

# Partir de cero

colección panorama

Rosa Villacastín

# Partir de cero

## El duro camino hacia el éxito

temas'de hoy.

Paseo de la Castellana, 28
28046 Madrid



Colección: Panorama TH
Diseño de cubierta: Gurú Estudio
Fotografía de la autora: Teresa Peyri
Fotografías de interior cedidas por la autora
Primera edición: mayo de 1998
ISBN: 84-7880-921-X
Depósito legal: M. 15.040-1998
Compuesto en Fernández Ciudad, S. L.
Impreso en SITTIC, S.L.
Printed in Spain. Impreso en España

# Índice

# Introducción

Antes de adentrarme por la senda de los recuerdos de una serie de personajes —ocho, que podrían haber sido muchos más, y de ahí que la elección no haya sido fácil, aunque ha acabado siendo representativa en función de sus muy diferentes circunstancias y profesiones—, debo una explicación.

Su denominador común es haber alcanzado el éxito partiendo de cero, sin haber perdido la capacidad de sentarse a hablar con una periodista y echar una mirada al retrovisor de su vida. Y aunque no hayan llegado al infinito, sí han crecido mucho y están en las estrellas. Son estrellas.

Que nadie crea que deseo convertirles en ejemplo de nada. ¡Líbreme Dios de pretender tal cosa! Sólo deseo que quienes sientan curiosidad por conocer sus primeros pasos hasta alcanzar el éxito tengan la misma sensación que tuve yo cuando les oí narrar en primera persona aspectos desconocidos de su vida. ¡Qué poco se valora en nuestro país el esfuerzo y el tesón de la gente!, pensé no sin cierta amargura, teniendo en cuenta la cantidad de personajillos que se están haciendo de oro por culpa —ha leído usted bien— de la prensa, toda sin excepción, tan generosa con los desocupados y tan cicatera y crítica con aquellos que han llegado a la meta por méritos propios.

Una cosa sí tengo clara. Si uno solo de los personajes que aparecen en este libro hubiera nacido en los Estados Unidos, por ejemplo, sus historias serían de obligado estudio en universidades y bibliotecas. No en vano se trata de un país en el que se valora sobre todas las cosas el trabajo bien hecho, así como el triunfo en lo personal y en lo profesional, de manera que el más humilde de los ciudadanos puede llegar a ser presidente de la nación más poderosa de la tierra.

Vistas así las cosas, cualquiera de estos ocho personajes podría llegar a ocupar La Moncloa si un día se lo propusiera, aunque sinceramente no creo que a ninguno de ellos se le haya pasado por la cabeza semejante idea.

Dicho esto, sí me gustaría resaltar algo que me dijo Joan Manuel Serrat, después de varias horas de conversación: «Quiero ser duro y clavar una lanza para decir que no se nos utilice a los que triunfamos viniendo de orígenes humildes para esconder el fracaso de miles de personas. Pues a veces se nos pone como muestra para tapar las miserias de aquellos que no hacen lo posible para que haya una verdadera justicia en la distribución de los medios, de los mecanismos de la riqueza y de la cultura. No quiero servir para enmascarar al manojo de sinvergüenzas que nos utilizan para decir: "¿Ven ustedes?, cualquiera puede llegar." No es verdad. Para llegar hace falta tener apoyo. Uno puede venir de un medio humilde, pero si no tienes apoyo no consigues nada. Si yo no hubiera tenido la generosidad de mis padres, que fueron capaces de prescindir de mi salario para que yo pudiera ir a la Universidad, no habría podido hacer nada. No sólo eso, sino miles de coincidencias que se dieron para que esto pudiera suceder. A veces a mí me duele que se ejemplarice sobre nosotros cuando habría que ejemplarizar sobre una sociedad en la que en cualquier nivel, en cualquier ámbito, en cualquier rincón, cualquier persona tuviera acceso a todo.»

No voy a negar que las palabras de Serrat me dejaron un poco desconcertada, pues, aunque no estaba en mi ánimo ejemplarizar con nadie, bien podría ocurrir que hubiera gente que lo interpretase de esa manera. Para evitar tergiversaciones, paso a contar cuándo sentí por primera vez la tentación de escribir un libro de estas características: Había ido yo a Miami a entrevistar a la famosa cantante cubana Gloria Stefan. Mientras mataba la espera en el hotel Dédalo, del que es propietaria Madonna, me presentaron al marido de la artista, el empresario Emilio Stefan, un hombre que me sorprendió por su inteligencia y, aunque parezca una vulgaridad, por su sencillez. Nadie al verle en vaqueros y camisa de flores hubiera podido pensar que estaba ante uno de los empresarios más ricos de América. Por hablar de algo que no fueran los motivos que me habían llevado a cruzar el charco, le pregunté cómo había ganado su primer millón de dólares. La verdad, no pensé que me iba a contestar, creí simplemente que saldría con evasivas, pero no, me contó una historia que me dejó con los ojos como platos: «Poco tiempo después de que Fidel Castro ganase la revolución en Cuba, mis padres decidieron irse a vivir a España. Tendría yo nueve o diez años cuando abandonamos La Habana y nos fuimos a Madrid, en una situación económica muy precaria, como corresponde a unos exiliados. En Madrid, nos instalamos muy cerca de la Plaza de Toros de Las Ventas y, como es lógico, me tuve que poner a trabajar para poder sobrevivir. Vendía todo lo que caía en mis manos, y cuando no tenía nada que ofrecer, pedía por los bares de la calle de Alcalá. Así pasamos varios años hasta que nos trasladamos a Miami. Ya en Miami, entré a trabajar en la empresa de Ron Baccardi, que era de unos cubanos conocidos de mi familia. Hice un poco de chico de los recados hasta que a los diecisiete o dieciocho años tuve la oportunidad de demostrar que los riesgos no me quitaban el sueño. Alguien había presentado un proyecto para hacer camisetas con el logotipo de la empresa. Yo me enteré e hice mi propio proyecto, por supuesto mucho más económico.

»No tenía un duro y además no sabía de dónde sacarlo en el hipotético caso de que aceptaran que fuera yo y no el otro quien hiciera las camisetas. Contra toda previsión, me llamaron y aceptaron mi presupuesto. Cualquier otro en mi lugar se hubiera asustado o hubiera dicho que no tenía a nadie detrás que pudiera ayudarle. Sin embargo, comprendí que ésta era mi gran oportunidad y que difícilmente se me iba a presentar otra, de forma que acepté. Me fui a ver a un viejo conocido cubano para que me concediera un préstamo. A cambio, yo no podía ofrecerle más garantía que mi palabra de que iba a cumplir mis compromisos y pagar mis deudas. Poca cosa tratándose de un joven de mi edad. Para mi sorpresa, aquel hombre me prestó el dinero que necesitaba para hacer las camisetas —que, dicho sea de paso, era mucho en mi situación—, lo que me permitió sacar adelante un negocio del que desconocía todo pero por el que estaba dispuesto a luchar. Las camisetas tuvieron tanto éxito que me encargaron más y más. Fue con ese negocio como gané mi primer millón de dólares.»

De vuelta a Madrid, pensé en cuánta gente debía haber como Emilio Stefan. Ya en mi casa busqué en mis archivos e hice una lista de nombres de personajes relevantes que de la nada habían llegado al reconocimiento profesional. Fui excluyendo nombres por falta material de tiempo. Finalmente, hice una lista con los que aparecen en este libro: el diseñador Elio Berhanyer; la popular artista Lina Morgan; el empresario Fernando Fernández-Tapias; la bailaora Micaela Flores Amaya, «La Chunga»; el pintor Cristóbal Toral; la cantante Rocío Jurado; el torero madrileño José Miguel Arroyo, «Joselito»; y el cantautor catalán Joan Manuel Serrat.

Todos ellos son personajes que, por separado, poseen una personalidad tan relevante que cada uno podría ser objeto de un libro: todos tienen una intensa vida profesional y personal. Como no era mi intención escribir sobre temas ajenos a sus profesiones, pensé que debía limitarme a una época concreta de su vida, la que va desde sus primerísimos recuerdos hasta el momento en que consiguen el éxito. Más que sus amores o desamores, me ha interesado su infancia y adolescencia, pues la mayoría de ellos ha nacido en una época, la posguerra, en la que en nuestro país faltaba de todo y no sobraba de nada, y las dificultades que han tenido que sortear para llegar donde están han venido acrecentadas por este hecho generacional. Sólo en el caso de José Miguel Arroyo, «Joselito», los tiempos de penuria generalizada habían pasado cuando nació, aunque él no tuvo conciencia del despegue económico que se vivía por esos años en España, pues estaba inmerso en sus propios problemas familiares.

## El éxito

La primera pregunta que me hice al diseñar el esquema del libro es: ¿qué es el éxito? El éxito es un concepto subjetivo que consiste en alcanzar, lo más aproximadamente posible, el modelo que previamente nos hemos fijado. Esos modelos, verdaderos mitos sociales que se convierten en arquetipos, pueden caracterizarse por la belleza física, por el poder económico, por el poder político, por la relevancia artística o social, o por varios de estos ingredientes a la vez.

Precisamente porque me estoy refiriendo al éxito como un concepto subjetivo es por lo que, para cada uno de los personajes, el significado del concepto es diferente, aunque, por supuesto, y teniendo en cuenta el origen humilde de casi todos ellos, el dinero ha tenido y tiene una gran importancia en sus vidas.

Así, para Elio Berhanyer, que tanta hambre y penalidades sufrió en la primera parte de su vida, el éxito se circunscribe a lo económico: «Cuando empecé a ganar dinero, lo primero que pensé es: "Voy a hacer lo que hacen los ricos." Y me compré un palacio en Arcos de la Frontera, que me costó dos millones de pesetas y en cuya restauración invertí setenta. También adquirí un Rolls Royce, que todavía conservo y que saco muy de vez en cuando. Y empecé a vivir a todo tren: en aquella época vivíamos en Madrid, en un chalet alquilado en Ciudad Lineal, donde tenía animales y plantas exóticas: un leopardo, dos ocelotes, tres perros afganos (rubio, azul y negro), un dogo, tres tigres, cien pájaros sueltos (no me gusta tenerlos en jaulas), palomas, conejos y un guepardo que me regaló Miguel de la Cuadra Salcedo, al que le puse de nombre *Macondo* y que murió a consecuencia de una pulmonía.»

La experiencia —chocante tratándose de una persona que se ha hecho a sí misma— le ha dejado un sabor agridulce al famoso diseñador, que hoy vive en una casa pequeña de las afueras de Madrid que ni siquiera es de su propiedad, rodeado de sus libros y recuerdos más íntimos y haciendo lo que siempre le gustó hacer: dibujar, preparar sus colecciones, escuchar música... De sus tiempos de gloria le han quedado el gusto por la elegancia, una amiga inseparable, Charo Palacios, condesa de Montarco, que forma parte de su familia y que fue durante años su musa y modelo, y una única ilusión para cuando se retire, si es que algún día puede retirarse, pues no es dinero lo que le sobra a este genio de la alta costura: «El día de mañana me gustaría vivir en un cortijo donde pueda estar rodeado de animales y plantas.»

Según Lina Morgan, una de las actrices cómicas más populares y queridas de nuestro país, el éxito es algo que hay que ganarse día a día: «En esta profesión siempre hay un escalón más que subir. Como llegar, no he pensado nunca que había llegado. Este trabajo es como jugar a la ruleta: o te toca mucho o no te toca nada.»

En lo material, Lina sí ha logrado hacer realidad su gran ilusión: tener su propio teatro: «Cuando lo compré, lo hice por el amor que le tengo al teatro.» El reconocimiento social de que disfruta no ha logrado que esta mujer, que ya algunos consideran un fenómeno sociológico, olvide su infancia: «Recuerdo esa época con mucho cariño y mucho amor, no sé si porque mis padres se llevaban muy bien o porque mis hermanos mayores eran muy cariñosos, o por ambas cosas...» También evoca con nostalgia el ambiente que vivió en su barrio, en la calle de San Mateo, en el que la vecindad era amable y nadie cerraba las puertas de las casas... «Si tenías hambre, ibas a casa de cualquier vecino y siempre había un trozo de pan con aceite.»

Supersticiosa como todas las artistas, Lina se levanta todos los días con el pie derecho: «Jamás me pongo el zapato izquierdo antes que el derecho, nunca. Tampoco puedo soportar un espejo roto. Sin embargo, el amarillo me trae una suerte tremenda. En mis funciones siempre hay algo amarillo. Y me tengo que santiguar, también, antes de entrar al escenario. Ahora bien, cuando estoy en el escenario se me olvida todo, y sólo pienso en hacerlo lo mejor que sé.»

Fernando Fernández-Tapias es un hombre de suerte porque nunca se había marcado una meta para llegar donde ha llegado ni obtener lo que ha obtenido en el plano económico: «Soy una persona que está convencida de que el azar influye muchísimo, y yo he tenido una gran suerte en la vida. No tengo estudios porque no me dio la gana estudiar. Pero sí recuerdo que el primer sueldo que yo gané, que eran sesenta pesetas, se lo di a mi padre y él se emocionó...» Cuando Fernando Fernández-Tapias habla de los logros conseguidos —que sin duda son muchos—, lo hace con verdadera satisfacción: «Nunca he querido amasar fortuna, he querido crear. Me he metido en negocios, invirtiendo mucho dinero sin tener por qué, sin necesidad. Yo ahora me rijo por una frase definitiva: a mí, ganar cincuenta o sesenta millones más al año no me va a cambiar la vida, pero perder dos o tres me causaría un fastidio tremendo.»

A Fernández-Tapias le gusta tener familias que dependan de él: «Esto colma el orgullo y da satisfacción: saber que la gente vive gracias a tu esfuerzo, a tus ideas. Y yo vivo gracias al trabajo y el esfuerzo de ellos. Porque yo soy de los que piensan que la empresa es una obra de todos, desde el último trabajador al primero. En cuanto a la satisfacción por el dinero... me gusta vivir bien... ¿Sabes cuál es la satisfacción de tener dinero?: salir a la calle, aquí o en el extranjero, acercarte a un escaparate y decir: "Eso, si quiero, lo compro." Luego no te lo compras, pero si quisieras comprar ese reloj, ese coche, ese yate, lo que sea, te lo puedes comprar. Ésa es la gran satisfacción que proporciona el hecho de tener suficiente dinero. Lo malo es decir: "Me encantaría comprar ese reloj", y no poder hacerlo.»

El mejor retrato que se ha hecho de Fernández-Tapias lo ha dibujado él mismo: «Sí, es cierto que un día salí a comprar un yogur y volví a casa siendo el propietario de un Ferrari Testarrosa... Puede parecer una frivolidad, pero pasé por un escaparate, vi el coche y me lo compré. Ésta es una de las satisfacciones que da tener dinero.»

Sin embargo, hay un aspecto importante en la vida de este empresario vigués en que siente que ha fracasado: «Con mis hijos me siento frustrado. Creo que como padre no he tenido éxito... Para ellos no ha sido fácil tampoco relacionarse conmigo, porque cuando te separas y no puedes estar con ellos todo el tiempo, la comunicación se rompe...»

La conversación con Fernández-Tapias tiene lugar en la casa que ha alquilado en Puerta de Hierro, pues la suya —que se encuentra a dos pasos de donde vive actualmente—, se la quedó su segunda mujer, Juana Courel, de la que se separó recientemente y con la que mantiene un contencioso que se ha convertido en la comidilla nacional. Alguien ha dicho que si el empresario le da a su mujer lo que ésta pide, puede ser el divorcio más caro de los últimos veinte años. Y efectivamente puede serlo, tratándose de un hombre que no oculta lo que tiene.

Cristóbal Toral comienza a percibir el éxito cuando los demás no lo advierten todavía: «Cuando entro en la Universidad, ahí empieza el éxito. ¿Por qué? Porque de la noche a la mañana paso de vivir en un ambiente campesino, casi salvaje, a ser un universitario. Ese salto para mí es un éxito. Y a partir de ahí, lo que me planteo es trabajar mucho, ser un desconfiado profesionalmente: creo que nunca me creeré que he llegado porque creo que nunca se llega. El éxito se va percibiendo a través del tiempo, de la trayectoria profesional; se trasluce a través de pequeñas cosas que vas notando, sobre todo cuando se corresponde lo que vas consiguiendo con lo que previamente te has planteado conseguir.»

El éxito lo distribuye el pintor en diferentes etapas. «Primero, cuando paso del campo al ambiente universitario, cuando me compran el billete para irme a Sevilla. Cuando llego a Sevilla, me acerco a ver cómo es la escuela de Bellas Artes y en las proximidades hay una esquina por la que cruzan muchos coches, y me quedo hasta la una de la noche viendo pasar los automóviles porque aquello es extraordinario para mí. Ver ese mundo nuevo, cambiar la soledad tremenda de la choza, con mi padre, sin más ruidos nocturnos que el canto de los mochuelos, por aquella algarabía de coches, de semáforos, de gente, fue para mí un choque tremendo. Y este gran salto marca para mí el lindero de una época. Más tarde, mi vida cambia también completamente al venir a Madrid. Luego, al ir a Nueva York, y una vez allí, sobre todo, al incorporarme a la galería Staempfli.

»En la vida hay muchos peligros y la inteligencia es muy compleja. Hay quien posee la capacidad de ganar mucho dinero de golpe pero luego no tiene la inteligencia de ser discreto y las cosas se le revuelven. Lo que nunca puedes pensar es "ya he llegado". Yo siempre tengo la impresión de que, a partir de ahora, es cuando voy a hacer cosas. Porque al final lo importante es trabajar, ser sincero, ser persona. No hay nada más desagradable que la pedantería y la hipocresía. Yo estoy muy obsesionado con la hipocresía.»

Pese a ser un viajero empedernido, un triunfador en lo suyo, Toral no se ha olvidado de sus raíces, de lo que fue y de su condición de andaluz: «Soy un andaluz muy atípico, porque, en el estado casi salvaje en el que vivía, podía haber nacido igualmente en Guadalajara. Sin embargo, estoy seguro de que el lugar donde naces es importante, deja una huella en ti. Si hubiera nacido en otro sitio no pintaría como estoy pintando, o no sería como soy. Te condiciona Andalucía, la luz, la belleza del campo, la forma de ser... Aunque en el sentido de la disciplina he resultado ser muy atípico, ¿verdad? Quizá porque era la única forma de salir adelante.»

La figura de su padre ha estado y seguirá estando muy presente en la vida de Cristóbal Toral; de ahí su apego a la familia, y muy especialmente a sus hijos, con los que tiene una relación muy estrecha. «A mis hijos les vengo a decir que es muy difícil luchar, que hay mucha competencia en todo y que si no te planteas ser el mejor en tu profesión, lo tienes mal. A todos ellos les insisto en lo mismo, en que lo más valioso es el tiempo, en que no puedes perderlo porque es muy difícil de recuperar, y en que deben disfrutar también de las cosas que, cuando se tienen desde siempre, no se disfrutan tanto como cuando no se han tenido alguna vez.»

Micaela Flores Amaya, «La Chunga», tiene la sabiduría de los habitantes de los pueblos primitivos: no se ha dejado seducir ni por los halagos ni por el mucho dinero que ha ganado, pese a que ahora vive con lo justo, pues otros más astutos y con mala fe se aprovecharon de su ignorancia y de su candidez: «En ningún momento de mi vida me he creído el éxito, ni la fama, ni el estrellato. Yo soy una persona que bailo, y bailo lo que tengo dentro, lo que me sale de las entrañas. Yo soy muy tímida, y cuando voy a subir a un escenario los nervios me comen. Es como si empezara por primera vez, como el día que debuté. Cuando estoy arriba con la luz apagada no veo al público y, entonces, todo va divino. Siento la guitarra, siento el cante y me envuelvo en todo eso. Me olvido de todo lo que no sea el baile... Pero cuando acabo y se encienden las luces y me aplauden, despierto y siento una timidez horrible.» Pese a que ha llegado a la cumbre en el baile flamenco, a que ha sido la musa del *establishment* y de la clase intelectual de toda una época, no tiene demasiada conciencia de su propio triunfo. Como se dirá más tarde, confiesa que una única vez se sintió en la cima del éxito, embriagada por la admiración que despertaba a su alrededor. Fue cuando Ava Gardner, gran frecuentadora de El Corral de la Morería en sus viajes a España, decidió llevarla a París, a bailar a Maxim's, como obsequio a una amiga, periodista, que celebraba allá su cumpleaños. Allí se sintió el centro de la reunión, en la que se encontraba la elite de la alta sociedad.

Pese a los años transcurridos, La Chunga sigue conservando ese halo de ingenuidad que con tanta personalidad plasma en sus pinturas naïf. Incapaz de guardar rencor a quienes le han hecho daño, confiesa: «No tengo dinero. El dinero ha volado. Yo era una cría, veía que me llevaban de acá para allá, que me compraban vestidos, zapatos, y con eso me conformaba. Y como mis padres tampoco han exigido cuentas... Yo era una persona que daba mi nombre a los carteles y los vendía. Entonces, en vez de darme el dinero a mí, se lo quedaba él.» (Micaela, con esa honradez que la caracteriza, se niega a dar el nombre de la persona que más daño le ha hecho.)

Hollywood, los tablaos, el *famoseo* y las fiestas no han cambiado un ápice el interior de esta mujer: «Sigo siendo la misma, aunque estoy en la "ley de los payos". La ley de los payos es que vivo en una casa, tengo una cama, una cocina donde puedo hacer la comida, voy a la compra con mi dinero... Antes no tenía nada de eso. Antes, si queríamos hacernos una olla cuando íbamos con los carros, teníamos que ir a robar patatas, a coger judías, y en una casquería comprábamos un poco de rancio y nos hacíamos nuestra olla. La ley de los payos es vivir como ellos, cómodamente. Desde que era muy pequeñilla tenía la ilusión de que mis padres estuvieran bien, de sacarles de la barraca y de lograr que vivieran un poquillo mejor, como viven los payos. Eso lo he conseguido, porque pude comprarles una casa. Con eso me siento feliz.»

La mayor satisfacción que siente Rocío Jurado es la voluntad de que ha hecho gala para «cultivarse» y «no haber dejado de ser ella misma». Sólo tiene un pesar: no haber estudiado. «La muerte de mi padre me obligó a dejar el colegio y tuve que ponerme a trabajar, aunque nunca renuncié a hacer las cosas que me gustaban. Tengo dos grandes pasiones en la vida: la música y la lectura.» En cuanto al éxito, eso es otra cosa: «Para mí, es el reconocimiento de las masas, de la crítica especializada; es que hablen de ti con respeto. Por eso me emocionó tanto recibir de manos de Sus Majestades los Reyes de España la Medalla de Oro de las Bellas Artes. La medalla significaba el éxito sólido, importante, el reconocimiento de mis muchos años de trabajo...»

No puede ni quiere separar Rocío el éxito profesional del personal, porque éste es el que le ha servido para entender que ha triunfado en la vida: «Aunque, si he de ser sincera, he de decir que mi vida personal está llena de grandes fracasos y también de cosas muy bonitas. Curiosamente, con frecuencia se han entremezclado lo uno y lo otro, y así, más de una vez me ha pasado que cuando tenía un disco en el número uno de las listas, estaba hecha polvo en lo personal...»

José Miguel Arroyo, «Joselito», es un torero atípico, respetado por la crítica y el público, y sin embargo no se puede decir que sea un hombre feliz. Son sus ojos el espejo en el que hay que profundizar para intentar conocerle, para llegar al fondo de su tristeza, que se ha hecho crónica y que lleva incrustada como si fuera una segunda piel.

Son los recuerdos, a veces dulces, a veces amargos, los que hacen que la tristeza se torne en una media sonrisa cuando dice: «En casa necesitábamos un sofá nuevo, porque el que había estaba destrozado. Cada día pasaba por el escaparate de una tienda donde tenían uno que me parecía el ideal, con un cartel que ponía: 42.000 pesetas. Aquella cantidad se me hacía un mundo. Del éxito fui consciente cuando conseguí esas 42.000 pesetas que me hacían falta para comprar el sofá... Cuando lo pagué me pareció increíble. En ese momento me sentí muy feliz porque pensé que ya lo había conseguido todo, pues mis aspiraciones eran bien sencillas: alcanzar ese sofá... Aunque cuando verdaderamente tomé conciencia de a dónde había llegado fue al final de la primera temporada de matador de toros. Había toreado cincuenta y tantas corridas y Enrique, que era mi apoderado, me hizo la liquidación y me dio veinte millones de pesetas. ¡Veinte millones! Me quedé alucinado. No sabía ni cómo se contaba aquella cantidad. Con aquellos veinte millones me compré una ganadería. Todavía no tenía finca, ni coche, ni casa... pero mi ilusión era tener ganado y lo había conseguido.»

Una vez que ha hecho realidad todos sus sueños, y muchos más, los gustos de Joselito son bastante más sencillos que los de sus comienzos. Su ilusión, dirá después, es «una chupa de cuero llena de cremalleras. Me gustaría llevar el pelo largo...».

Para Joan Manuel Serrat, el éxito es «un monstruo, un bicho peligroso al que, como al toro, no hay que perderle nunca la cara, porque si le pierdes la cara corres el riesgo de que te coma el culo, de que te deje en malas condiciones. El éxito tiene sus ventajas, da sus satisfacciones, pero también plantea tremendos inconvenientes. Me hace sentir bien y me hace sentir mal. A mí el oficio me gusta, me divierte, me da muy bien de comer y me permite tener un ámbito de libertades individuales que de otra manera me costaría conseguir. También me ha permitido viajar, conocer mundo y, por tanto, educarme. Uno se educa mucho caminando, contrastando lo que te ocurre a ti con lo que le ocurre al otro. Es un gran pozo de conocimientos eso de ir por el mundo. Además, es también una forma de adquirir compromisos, y eso es algo que te ensancha mucho el cerebro y los sentidos. Todo eso se lo debo al éxito. Mejor dicho, todo eso se lo debo a mi trabajo, a mi oficio, pero mi oficio sin éxito no me habría dado estas cosas y seguramente otras muchas satisfacciones de detalle que no vienen a cuento pero a las que estoy muy agradecido... Reconozco que la vida me ha ofrecido *delikatessen* maravillosas.»

Si la familia ha tenido una enorme influencia en todos los protagonistas de este libro, en Joan Manuel Serrat ha sido decisiva: «Yo he vivido en unos ámbitos familiares muy fuertes, muy sólidos, heredados de la Guerra Civil y, por tanto, con un conocimiento profundo de que nuestra supervivencia dependía del apoyo mutuo. Su propio ejemplo ha sido la mejor muestra que me podían haber dado; de ahí que cuando pienso cómo debo hacer algo, acudo a ellos como una buena referencia.»

Tiene Joan Manuel Serrat una facilidad enorme para expresar lo que piensa y lo que siente. De una gran honestidad profesional y personal, ha sabido ganarse el respeto y el cariño de varias generaciones de españoles.

En los capítulos que siguen el lector podrá dar un paseo sereno por los recuerdos anteriores e interiores de los ocho protagonistas que componen el libro. Unas cuantas horas de sus ajetreadas vidas. En todos he encontrado ese orgullo legítimo de contemplar unos principios difíciles, a veces ingratos y duros, desde la atalaya del triunfador.

Todos se han emocionado en algún momento al recordar una imagen, una penuria, un fracaso e incluso el éxito.

El denominador común de estas gentes que partieron de cero fue que no se resignaron a quedarse allí. La vida es lucha en soledad.

# 1

# Elio Berhanyer

Córdoba, 20 de febrero de 1931. Son los últimos estertores de la Monarquía, vísperas de la proclamación de la República. Ese día nace Elio Berenguer, el modisto que cambiará de nombre al llegar a la edad de la razón, despechado con su propio linaje y disconforme con el destino que le ha tocado en suerte. Tiempo después acariciará la fama y acabará siendo internacionalmente conocido como Elio Berhanyer.

Córdoba estaba convulsa cuando Elio vio la luz por vez primera. Un mes antes, el 24 de enero, se había levantado el estado de guerra, declarado a causa de las agitaciones de diciembre, iniciadas en el ámbito estudiantil. Los estudiantes de todas las universidades del país se declararon en huelga, lo que obligó al gabinete del general Berenguer a cerrarlas. El 4 de febrero, el Gobierno convocó elecciones a Cortes para el 1 de marzo, pero republicanos y socialistas anunciaron su negativa a participar en ellas. El régimen, agónico, estaba acosado desde todos los frentes.*

* Francisco Moreno Gómez, *La República y la Guerra Civil en Córdoba*, Ayuntamiento de Córdoba, Delegación de Cultura, 2.ª edición, 1983, pág. 25.

El mismo día que nació Elio, el obispo de Córdoba, Adolfo Pérez Muñoz, publicaba una carta pastoral en la que intentaba apuntalar a la monarquía borbónica encarnada en Alfonso XIII. El 12 de abril se celebraron las elecciones municipales, que, aunque ganadas por los partidos monárquicos, engendraron un estallido popular que desembocó, dos días después, en la proclamación de la República y en la marcha del Rey hacia el exilio, del que no regresaría.

Elio tiene una memoria minuciosa. Sus primeros recuerdos le resultan visiblemente entrañables. «Mi madre se llamaba Francisca Beda, era cordobesa, muy árabe, el pelo muy rizado, fino...», rememora. Francisca, siendo muy joven, entró a servir como doncella con Dora «La Cordobesita», una cantante muy famosa en aquella época, y «le gustaba tanto la música que se sabía de memoria todas las canciones de su señora y otras muchas antiguas». Las aprendía en el teatro donde trabajaba Dora. «Mis abuelos maternos eran también cordobeses, muy humildes —explica Elio—; ellos murieron cuando yo tenía tres o cuatro años, pero todavía me acuerdo de su tartana, a la que yo conseguía trepar con gran trabajo y en la que me tiznaba de pies a cabeza porque en ella transportaban el picón desde la serranía a la ciudad...»

La evocación del padre endurece el rostro de Elio, que siente por su memoria un respeto reverencial. Se llamaba Juan Berenguer Lobo y pertenecía a una familia socialmente desigual: algunas ramas eran pobres y otras relativamente adineradas. Juan, por descontado, era de una de las primeras. Inquieto y ávido de conocimientos, fue un autodidacta: todo lo aprendió en los libros, de los que era un infatigable lector. Trabajó en las minas de Pozoblanco, donde sufrió un accidente que le hizo perder todos los dedos de un pie. Aquella desgracia le dejó cojo de por vida y le obligó a abandonar la mina. Regresó a Córdoba y allí trabajó como encargado en un taller de electromecánica. En la ciudad conoció a Francisca, con quien se casó. De esa unión nacieron Plinia y Elio. Arrendaron una pequeña casa cercana al taller de Juan. En la vecindad vivía un diputado a Cortes del Partido Comunista que se llamaba Bautista Garcés. Juan intimó con él y simpatizó con sus ideas, aunque nunca llegó a asumir una verdadera militancia política. Entonces estalló la Guerra Civil.

Como es notorio, el inicio de la contienda fue cruel en todas partes, pero en Córdoba se desarrolló con especial dureza. La rebelión militar fue dirigida desde Sevilla por el general Queipo de Llano, «el salvador de Andalucía» o «el carnicero de Triana», según quien lo apodara; como primera medida, los sublevados armaron y organizaron militarmente a los falangistas y a los señoritos voluntarios en los cuarteles de la Guardia Civil, unos y otros «personas de orden» que estaban dispuestas a participar en la sublevación codo con codo con los militares alzados en armas. En Córdoba, la fase inicial de la represión estuvo a cargo del coronel Cascajo, y se orientó preferentemente contra las personalidades del Frente Popular, las autoridades republicanas y los dirigentes obreros destacados; los fusilamientos comenzaron el 20 de julio. La segunda fase del alzamiento, la de las grandes matanzas, empezó a mediados de agosto, coincidiendo con la presencia en la ciudad de los generales Varela y Queipo de Llano y con la reanudación de los bombardeos republicanos. Los fusilamientos masivos fueron organizados por el comandante Zurdo, jefe de Orden Público, sustituido después por el coronel Bruno Ibáñez Gálvez, quien llevó la represión al paroxismo.

Aquellas primeras semanas del conflicto fueron trágicas para la población trabajadora, que se vio sometida a una cruel persecución policial, regida más por un criterio de clase (los humildes no podían ser adictos al levantamiento) que por verdaderas razones ideológicas. Patrullas de militares, guardias civiles y falangistas recorrían violentamente la ciudad, sobre todo por las noches. Así, se hicieron tristemente famosas las patrullas nocturnas, las «brigadas del amanecer» y el «camión de la muerte». Los registros, las sacas domiciliarias y las detenciones en masa eran un espectáculo cotidiano; los detenidos, al serlo, sabían ya que no regresarían nunca, y sus familias se vestían de luto desde el momento de su partida. Más de dos mil quinientos ciudadanos cordobeses fueron fusilados en aquellos días de sangre y dolor.

«El mismo día que estalló la guerra —rememora Elio— detuvieron al diputado Garcés, el amigo de mi padre. Aquello dejó en mí un recuerdo vivo. Yo tenía apenas cinco años, pero hay cosas que no se olvidan nunca... Tres días después detuvieron a mi padre.» Y comienza a contar una estremecedora historia que revela toda la magnitud de aquella gran tragedia. Una hermana de su madre había trabajado como doméstica en una casa cordobesa de gente pudiente; el primogénito de la familia se enamoró de ella y ambos terminaron casándose. Cuando

En el momento en que fue tomada esta foto, Elio Berenguer era un niño feliz. Pertenecía a una familia de trabajadores como había miles en España. Nada tenían, pero nada les faltaba. La Guerra Civil convirtió su infancia en un verdadero infierno.

la mujer se enteró de la detención de su cuñado intercedió y consiguió que lo pusieran en libertad, pero, como bien dice el refrán, la alegría dura poco en casa del pobre. Cuatro días después lo volvieron a detener. «Una de las mañanas en que mi madre le lleva comida a la cárcel —prosigue Elio— le entregan sus ropas porque, según le dicen, acaban de fusilarle. Mi madre regresa destrozada. Se trata de un error. Horas después le sueltan y le envían a casa: le habían sacado los ojos, le habían arrancado las uñas... Fue una terrible pesadilla... Conservo recuerdos nítidos de aquel retorno: era de noche, una noche tórrida de finales de agosto, y yo me hallaba con toda la familia en la azotea de la casa porque hacía un calor terrible. Estaba cenando: guardo constancia del sabor particular del pan con chocolate, que era mi cena habitual. Sabía que debía esconder el pan que no me comiese para que no me riñera mi madre. De repente se aproximó un automóvil, vimos los faros... y alguien llamó a mi madre. Al oír su nombre mi madre bajó corriendo las escaleras. Yo intenté hacer lo mismo, intuyendo que algo grave ocurría, pero una vecina me tomó de la mano y me llevó a su casa. Era imposible no oír los alaridos de mi padre. Durante los dos días que estuvo en casa no cesaba de gritar como un loco, preso de terribles dolores. En esas condiciones, dos días después se lo volvieron a llevar, ya por última vez...»

Elio se conmueve con esa dolorosa retrospección, que le ha marcado de por vida: «Nunca llegué a ver a mi padre en esas circunstancias... Tengo sólo vagas ideas de las idas y venidas de mi madre, de su angustia, del miedo que reinaba en la casa. Un miedo y un silencio sólo roto por los gritos de mi padre... y la angustia, nunca confesada en voz alta, de mi madre...»

Juan Berenguer Lobo aparece en los registros fusilado en Córdoba el 17 de agosto de 1936, a los cuarenta años de edad. Apenas un mes después de que comenzara la cruenta Guerra Civil española.

La familia (la madre y los dos hijos) queda sin medios de subsistencia e inicia un nuevo éxodo. Elio se va a vivir con sus abuelos paternos a Sevilla (procedían de Huelva y se habían establecido en la barriada de San Jerónimo, donde criaban vacas y cerdos); a Plinia, su hermana, la recoge la bisabuela paterna en El Puerto de Santa María. Plinia tendrá más suerte que Elio. Colocados los hijos, Francisca se pone nuevamente a servir, de cocinera, en una casa de gente adinerada. Poco a poco se distancia de sus hijos y, algún tiempo después, se casa de nuevo, esta vez con un maestro de escuela. El matrimonio se va a vivir a Madrid. Comienza entonces una etapa muy dura en la vida de Elio, a caballo entre la casa de sus abuelos en Sevilla y la de unos tíos que viven en el campo. Le encomiendan cuidar las vacas, los cerdos... El afecto brilla por su ausencia, y su familia le obliga a dormir en el *quinao* (pajar), junto a las vacas.

Solo y sintiéndose poco querido, Elio intenta pagar con su trabajo el trozo de pan que le da la familia llevando cada madrugada la leche, junto a un vecino adulto, a Sevilla. En una carreta hacen interminables viajes que requieren de Elio un esfuerzo desproporcionado para su corta edad y estatura; viajes que le obligan a levantarse a las cinco de la mañana porque, además de transportar la leche, tienen que recoger la basura que van encontrando en el camino y que servirá para alimentar a los cerdos... Todo ello a cambio de la manutención, sin remuneración alguna, sin calor humano... «Con mi abuela paterna vivía una hermana de mi padre, que no se había casado porque se había quedado ciega. Estaba amargada y no hacía más que regañarme. Me decía cosas como: "Encima de no traer dinero tenemos que darte de comer..." Cansado de reproches y de no recibir ni una muestra de cariño, tras una noche de comezón (tenía nueve años), decido romper con mi familia. Me marcho con lo puesto. Como único capital me llevo unas alpargatas rotas, unos pantalones cortos llenos de remiendos y una camisa. Vestido así me fui andando a Sevilla, eso sí, después de haberle dicho a mi tía que no volverían a verme. Pasé una noche horrible, y para eludir la carretera fui bordeando las tapias del cementerio de San Fernando... Tuve mucho miedo hasta que llegué a Sevilla. Roto por el cansancio, me quedé dormido al llegar al hospital que hay frente a la Macarena...»

La ruptura con su familia sería total: no sólo no regresaría más con ella, sino que repudiaría incluso el apellido. «Ésa fue la razón por la que me cambié el nombre», dice, enfático. Las peripecias de adolescencia hacen de Elio un remedo del Lazarillo. Tras romper los últimos vínculos familiares, pasa una semana sin apenas probar bocado, durmiendo en el incómodo regazo de los bancos de los Jardines de Murillo, en pleno barrio de Santa Cruz; allí experimenta la comprensión de las gentes anónimas que lo ayudan ocasionalmente en la medida de sus escasas fuerzas. También siente las punzadas del hambre, hasta que un albañil («José Moreno se llamaba, ¿cómo no voy a acordarme de su nombre?») lo rescata de las manos de un agente municipal que se dispone a reintegrarlo a su casa y le da trabajo como «listero».

Sin embargo, aquel trabajo consistía en anotar las herramientas que cada obrero se llevaba y que debía luego devolver, y Elio no sabía escribir, pues nunca había ido a la escuela. Lo ayudaron, encontró en la calle la solidaridad del hambre y consiguió sobrevivir, pese a que no tenía más patrimonio que la intemperie y sus viejas alpargatas. Un día, uno de los compinches de Moreno le avisó de que en algún lugar buscaban un botones. Acudió Elio a pedir el empleo, pero no lo admitieron, por ser muy niño y por no saber leer ni escribir.

Regresó a la lechería familiar cuando tenía más o menos dieciséis años. «Me pagaban cuatrocientas pesetas al mes, pero me descontaban la comida.» Son recuerdos atroces, de penuria y perplejidad. Fue entonces cuando conoció a Luis Briones, un chico que trabajaba en la publicidad de el periódico *El Sur*. Briones le animó para que aprendiera a leer, y así emprendió Elio un sobrehumano esfuerzo en solitario: empezó a descifrar por sí solo las letras impresas, las reprodujo incansablemente... hasta que aprendió a leer, y después a escribir. Había oído a su amigo hablar de Proust, de *En busca del tiempo perdido*, y se adentró en el libro, con gran trabajo, recomenzando la lectura cada vez que no entendía una frase hasta comprender su significado. Briones le dejó un tocadiscos y Elio se sumergió también, sin entenderlo, en el mundo de la música clásica, tan distinta de los cuplés que cantaba su madre y que oía por la radio. Oyó una y otra vez *La pasión según San Mateo*, de Bach, hasta que, de tanto conocerla y paladearla, la aprendió de memoria.

Tras este duro aprendizaje, comenzó a mantener correspondencia con su madre, una vez averiguado su paradero. Y a sus dieciocho años, siempre ayudado por Briones, se empleó de botones en la agencia de publicidad de Miguel Tassara, por seiscientas pesetas al mes, que no bastaban para su manutención. Tenía que quedarse a dormir en el gran sofá del antedespacho, con el pretexto de que él se encargaría de cerrar la oficina cuando se hubieran ido todos. Acabaron descubriéndolo, pero Tassara se portó bien con él: le dejó continuar durmiendo allí por las noches.

Fueron tiempos duros, de comidas frugales, de hambre física: «No comía más que tortas de aceite y café con leche en un bar que había frente a la agencia. No tenía dinero ni siquiera para dormir en una pensión. Además era muy tímido, atrozmente tímido. Cuando me hablaba la gente me ponía a temblar, colorado como un tomate, no sabía contestar. Debido a esa timidez no me atrevía a pedir ayuda en los momentos de verdadera hambre... Recuerdo un día, era final de mes, en que el hambre era tanta que vi una botella en una estantería y, creyendo que era vino blanco, la destapé y empecé a beber pensando que de esa manera me iba a alimentar. Resultó que era ginebra, y tuvieron que llevarme al hospital... Así fue como Miguel Tassara se enteró de que dormía en su antedespacho...»

Aún calzaba sus viejas alpargatas, toda su ropa cabía en un cajón. Su amigo Briones se llevaba a su casa la muda de Elio para que se la lavara su madre.

«Fue entonces cuando se puso enfermo el dibujante de la agencia de publicidad —recuerda Elio— y me preguntaron si quería echarles una mano. Naturalmente, acepté. Había que dibujar un camión de carga para un anuncio en el *ABC*... Yo nunca había visto uno. Me dieron una fotografía, hice mi trabajo lo mejor que supe y les encantó. Hubo después muchos encargos más...»

Elio recuerda aquella etapa con un colorido agridulce. En todo caso, fue tan penosa que terminó aceptando la reiterada invitación de su madre para irse a vivir a Madrid con ella. Vivía en Vallecas, en una escuela que todavía existe, en la que «aquel hombre», como llama Elio siempre a su padrastro, era profesor. Era la época de la posguerra, del hambre: «En casa de mi madre apenas si había para malcomer, y la relación del matrimonio era desastrosa.»

Desde el principio, el padrastro rechazó al niño, al que consideraba un intruso. «El mismo día de mi llegada le formó un escándalo espantoso a mi madre. Le dijo que no quería que yo viviese allí con ellos. Durante un año soportamos una situación imposible en la casa.»

«Aquel hombre» pegaba a la madre y a Elio, y negaba a la familia el dinero indispensable para su manutención... El muchacho seguía calzando sus viejas alpargatas: «Imagínate, en pleno invierno, en Madrid. Todavía hoy tengo la señal que me dejaron las alpargatas y los sabañones en las manos y en los pies. Como no teníamos dinero para ir al médico, se me infectaron las orejas, las manos, los pies... Era un horror, la miseria más espantosa... y ese hombre dando palizas a mi madre. Yo le tenía terror porque tenía un corpachón enorme.» Durante los meses que duró aquella situación, Elio y su madre se turnaban para ir a buscar alimento a una institución benéfica que había en la calle de Santa Engracia donde les daban unas lentejas carcomidas por los parásitos y llenas de piedras.

Acuciada por la necesidad, la angustia y el miedo (otra vez la angustia y el miedo), Francisca decide escapar del infierno. Saca fuerzas de flaqueza y sigue el consejo de una buena gente que ha conocido tiempo atrás. Sin pensarlo dos veces, para no arrepentirse, se refugia en casa de esta familia, en la calle Domínguez Ayllón, en Cuatro Caminos, donde le dejan una habitación para que pueda vivir con sus cuatro hijos: Plinia, Elio, Lolita y una niña de meses. La familia de Pepa González (fallecida recientemente) era gente humilde, pero muy buena. Francisca volvió a servir: se alimentaba de lo que le daban sus señores, y la cena que no tomaba era el alimento de sus tres hijos. Aquel refugio fue temporal; pronto hubieron de buscarse otra habitación... Fueron vicisitudes de aquella posguerra de hambre y de miseria.

Mientras tanto, Elio buscaba trabajo desesperadamente, hasta que por azar conoció a Margarita Lozano («una chica guapísima, maravillosa, alta», recuerda Elio), que trabajaba para la revista *Astra* que dirigía el conde de Melgar. Se estableció entre ambos una corriente de simpatía, a pesar del mal aspecto de Elio, todavía con sus viejas alpargatas y las ropas desastradas de sus andanzas sevillanas. Elio le mostró algunos de sus dibujos, la muchacha se ofreció a hablar de él a Melgar... y lo invitó a un desfile de Pedro Rodríguez, el primer pase de modelos que Elio vería en su vida y que todavía recuerda con ad-

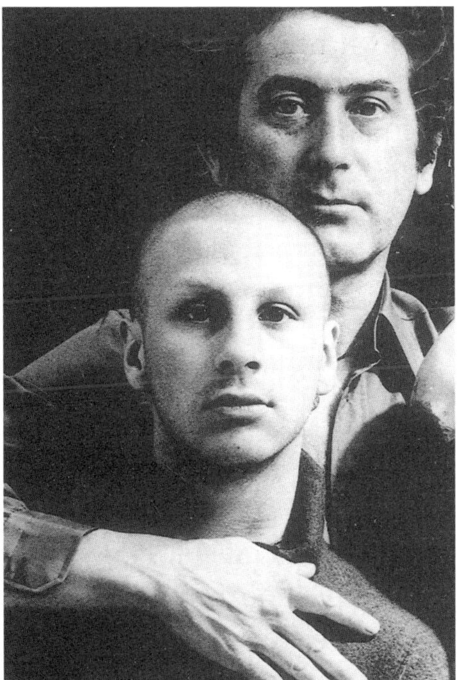

Elio Berhanyer supo lo que era el amor de padre cuando nacieron sus dos hijos, Elio y Juan Carlos, fruto de su matrimonio con Mercedes Lotero, una colombiana que, desde que le vio por primera vez, supo que era un gran hombre y un artista genial.

El asesinato de Juan Berenguer Lobo, padre del famoso diseñador, dejó en Elio un fondo de tristeza en sus ojos que el tiempo no ha borrado. En la foto aparece acompañado de su hijo Juan Carlos.

miración. Joaquín Rodríguez, el hijo de Pedro, se les aproximó y departió con ellos. Hablaron del modelo que ocuparía la portada de la revista, y Elio mostró su intuición y su buen juicio... Aquel acierto le sirvió para que le aceptaran en la revista por algún tiempo, y supuso su primer contacto con el mundo de la moda.

El siguiente paso hacia el que será su quehacer definitivo y que lo llevará a la fama, lo da Elio gracias también a Margarita: un empresario amigo de ésta quiere poner una tienda de modas (Shopping, en el lugar que ahora ocupa la joyería Suárez) y le pide a ella que se encargue de diseñar sus modelos. Margarita ofrece a Elio repartirse el trabajo, y la tienda prospera. La muchacha contrata a una magnífica costurera, Carmen Barbadillo, y Elio adquiere unos conocimientos que le resultarán fundamentales en su carrera posterior. «Mi primera clienta —recuerda Elio con cierta nostalgia— fue Conchita Montes. Me quedé perplejo cuando ella compró el primer traje que yo había diseñado: era una especie de chaqueta negra con cuadros rojos y negros, y un echarpe a juego... Yo sabía que era una actriz importante y me acobardé.»

Elio empezó a prosperar. Además de diseñar, dibujaba. Las primeras cien mil pesetas que ganó las obtuvo por realizar un mural, y con ese dinero alquiló su primer piso, pagando seis meses por adelantado, en la madrileña calle de Enrique Arias. «Fui a buscar a mi madre —recuerda Elio— y le dije: aquí vamos a vivir. Hay seis meses pagados. Después, Dios dirá. No teníamos muebles ni enseres, apenas el piso vacío. Con lo que sobró, compramos algunos colchones... Mi madre lloraba de felicidad. Presentíamos que empezaba una nueva vida.»

Shopping, la tienda de modas, funcionaba, aunque no tan bien como hubieran querido Margarita y Elio. Dejaron de presentarse colecciones y Elio ya sólo recibía encargos esporádicos. No era suficiente para él, ya envalentonado con la vida, más seguro de sí e ingenuamente convencido de que ya lo sabía todo del diseño de moda. Así que pidió prestado a un amigo de Margarita un estudio en la calle García de Paredes para poner su propio negocio en el tiempo que le quedaba libre, que era bastante. Contrató a una empleada para que atendiera a la clientela, pero ésta no llegaba: Elio no había caído en la cuenta de que nadie le conocía. Entonces trabó amistad con Harold, un colombiano que estudiaba Medicina en Madrid, por quien más tarde conocería a quien iba a convertirse en su mujer, Mercedes, que era prima de aquél. «Harold me tomó afecto y se apiadó de mí desde el primer momento —rememora Elio—. Me presentó a todas sus amigas y familiares colombianas, que se hospedaban en el hotel Victoria. Tanto me elogió que acabaron haciéndome encargos. Yo les mostraba primero los diseños de los trajes, ellas se compraban la tela y yo les hacía los vestidos... Fueron mis primeras clientas. Empecé a funcionar ahí.»

Elio, sin un duro en el bolsillo, se casó con Mercedes Lotero, pese a la frontal oposición de los padres de ella, unos rentistas colombianos que vivían holgadamente, aunque sin mayores medios de fortuna, y que siempre pensaron que el joven se casaba por interés. Los recién casados se fueron a vivir a una casa que les prestó la familia de un amigo común hasta que, jóvenes e inconscientes, vieron un chalé en la calle Ayala, que resultó ser propiedad de Domingo Ortega, se enamoraron de él y alquilaron la planta baja sin tener con qué pagar. «Pedían un mes, eran catorce mil pesetas de alquiler, y otro más de fianza. Logramos reunir el mes y la mitad de la fianza, y María Victoria Ortega nos lo dejó, aun sin pagarlo todo. Fueron tiempos felices, pero en los que el dinero brillaba por su ausencia.» Mercedes se quedó embarazada por aquel tiempo.

Poco antes de su matrimonio con Mercedes, Elio tuvo su primer encuentro con el teatro: conoció a un grupo de directores, actores y actrices, entre ellos Elena Santonja y Gustavo Pérez Puig, que estaban dando sus primeros pasos en el teatro universitario y que le pidieron que hiciera el vestuario para sus obras de aficionados. Para ellos, desinteresadamente, hizo los diseños de *Ifigenia en Táuride*, de Eurípides, y de *La hidalga del valle*, de Calderón de la Barca. La representación iba a tener lugar en la Plaza Porticada de Santander. Había que vestir a cincuenta comparsas, soldados que había proporcionado el capitán general, y, como no había dinero para los trajes, Elio tuvo una idea genial: dejó en calzoncillos a los militares y los pintó de pies a cabeza de purpurina de plata. Pronto les empezó a picar todo el cuerpo y, a media función, desesperados, no soportaron más la tortura, echaron a correr y se zambulleron en el mar... El escándalo fue considerable, pero no desanimó a los principiantes: de Santander se marcharon a Jaca. Fue al regresar a Madrid cuando Elio conoció a Mercedes. La futura esposa de Elio acompañó al grupo a Toledo, donde se iba a representar *La hidalga del valle*, y en Toledo Mercedes acabó haciendo el papel de

Virgen a causa de una intempestiva enfermedad de la titular.

Balenciaga, con quien no llegó Elio a trabajar, tuvo sin embargo una influencia decisiva en el éxito definitivo de Elio Berhanyer. La relación fue, como casi todo en la vida de Elio, casual: una dama sirvió de nexo. Así lo explica él mismo: «La marquesa de Llanzol (ya fallecida) me encargó un traje sastre, me acordaré toda mi vida, de cuadritos beis y blanco. Yo le hago el sastre, todo él al hilo menos las mangas, que se las coloco al bies para que los cuadros marquen un contraste. Y al poco tiempo viene un día a casa la marquesa, con su hablar tan castizo, y me dice: "El maestro —se refería a Balenciaga— ha visto el traje que me ha hecho usted y me ha dicho que qué barbaridad de mangas me ha plantado." Yo quedé lógicamente desconcertado; Balenciaga, a quien conocía por las revistas, me parecía la primera maravilla del mundo...»

A pesar de este encontronazo, la mujer me encargó otro traje, éste de encaje negro. Lo vio también Balenciaga y dijo que quería verme. Era sábado y el lunes se marchaba a París. Llamó la marquesa de Llanzol a casa y Mercedes, mi mujer, le dijo que yo me había ido al cine con unos amigos a la Gran Vía. Pero era tal la insistencia de Balenciaga que fueron a buscarme: aparecieron la marquesa de Llanzol y mi mujer con un acomodador llamándome por mi nombre en mitad de la película. El maestro quería verme de inmediato. Fuimos a cenar a casa de la marquesa y allí estaba Balenciaga. Comenzó a preguntarme con quién había aprendido, con quién había trabajado. Le respondí que con nadie, que no había estado nunca en un taller. Me preguntó cómo cortaba. Le contesté que yo no cortaba, que marcaba dónde había de hacerse. Me preguntó si había hecho el traje con las mangas al bies y el traje de encaje y, cuando se lo confirmé, me pidió que fuera con él a trabajar a París...»

Elio no vaciló un momento: no quería ser el segundo de nadie. «Prefiero ser cabeza de ratón que cola de león», le dijo a modo de argumento. Sus anfitriones intentaron hacerle ver la oportunidad que estaba perdiendo, las inmensas posibilidades que iba a desdeñar. Balenciaga insistió, y le contó a Elio la fabulosa oferta multimillonaria de unos norteamericanos para que hiciera *prêt-à-porter*, oferta que él iba a rechazar porque pensaba retirarse. Había madurado largamente esta decisión, una vez que se había convencido de que los tiempos habían cambiado y «ya no había doncellas que planchasen maravillosamente...». Él no estaba, en fin, dispuesto a hacer *prêt-à-porter*, pero le brindaba a Elio la posibilidad de hacerse rico y famoso. Al poco tiempo Balenciaga cerró sus tiendas de Madrid, San Sebastián, Barcelona... y por último París. Era evidente que, antes de tomar esta drástica decisión, había querido encontrar un continuador, alguien que mantuviera su nombre y su estilo (el único que iba a continuar su escuela era Givenchy, pero se había establecido por su cuenta). Balenciaga murió sin lograr ese deseo. Elio no quiso aceptar el encargo ni la responsabilidad. Le atraían otros caminos.

En cuanto se supo que una buena clienta de Balenciaga había hecho diversos encargos a Elio Berhanyer le surgieron infinidad de nuevos encargos. Eran todavía tiempos duros, en los que tenía que pagar el alquiler de la casa de Domingo Ortega haciéndole trajes a su mujer, María Victoria. El primer desfile, de apenas cinco trajes, lo pasó en la peluquería de Elizabeth Arden. Cuando cerró Balenciaga, comenzó para Elio el verdadero éxito.

# 2

# Lina Morgan

María de los Ángeles López Segovia nació en Madrid, en la calle de Don Pedro, el 20 de marzo de 1937, en el seno de una familia numerosa que, como la mayoría de los españoles de esa época, carecía casi de todo. Si los años de la guerra fueron duros, los de la posguerra no quedaron a la zaga: «No teníamos absolutamente de nada, y éramos cinco hermanos. Mi padre tuvo que luchar mucho para poder facilitarnos las cosas más elementales.»

A la mujer que tengo frente a mí, parapetada tras su mesa de trabajo, le cuesta mucho recordar... Son las siete de la tarde del mes de julio y Lina, como la mayoría de los madrileños, se prepara para marcharse de vacaciones a un lugar lejano donde poder descansar después de un año de intenso trabajo. Es una mujer de éxito, en plena madurez, capaz de hacer reír al mismísimo lucero del alba y, sin embargo, sus ojos ya no tienen la alegría y la viveza de otros tiempos. Basta que alguien —ella misma— pronuncie el nombre de José Luis —su hermano— para que la alegría se torne en tristeza. Es por eso por lo que oculta sus ojos, tan vivos, tan alegres, tras una gafas negras... La muerte de su hermano José Luis, su eje vital, ha dejado a Lina Morgan desamparada y sin el asidero fraternal en el que se ha apoyado toda su vida.

Lo primero que llama la atención al indagar en los orígenes de esta popular actriz es su paralelismo con Reme, la pobre chica que llega del pueblo a la ciudad... la protagonista de *La tonta del bote* que tantos éxitos ha dado a Lina Morgan: «Mi padre era sastre, y fue mucho lo que tuvo que bregar para sacar adelante a la familia. Fueron años prosaicos, que recuerdo con nostalgia, no sé si porque mis padres se llevaban muy bien o porque mis hermanos eran muy cariñosos, o por ambas cosas... pero lo cierto es que la dureza de aquella vida se hizo muy llevadera, sin duda porque nunca nos faltó el cariño y el amor. Incluso la vecindad era amable, nadie cerraba las puertas de sus casas... Si tenías hambre, ibas a casa de cualquier vecino y siempre había un trozo de pan con aceite. No tengo conciencia de haber pasado escasez, aunque todavía relaciono la felicidad con el pan con chocolate...»

Los recuerdos tienen para Lina un efecto balsámico. Se ha despojado de las gafas y poco a poco comienza a hilvanar su propia biografía. Un análisis crítico, reflexivo, en el que se lamenta, por ejemplo, de no haber podido ir a la Universidad, ni correr delante de los «grises» como la mayoría de los universitarios de su generación. Algo que le atormenta, porque de haber completado su formación no tendría las lagunas culturales que dice tener: «Lagunas que me impiden, por ejemplo, escribir correctamente.» Una carencia que, gracias a su gran curiosidad y a su viveza, no le ha impedido rellenar vacíos y salir adelante. «Fueron años de austeridad, de supervivencia difícil: tiempos en que mis hermanos menores heredaban el vestuario de los mayores, en que la coquetería infantil padecía con aquellos abrigos inmensos y los vestidos secretamente remendados...»

Tras el nacimiento del último de los hermanos, Lina y su familia se trasladaron a vivir, de alquiler, a una vivienda de la calle Hortaleza. Desde muy pequeña Lina quiso ser bailarina, «como todas las niñas de esa época», y su madre acabó llevándola a una academia de la aledaña calle Pelayo. De aquella época en la calle Hortaleza conserva Lina algunos de sus más vivos recuerdos de la niñez: los juegos infantiles en la calle («Yo he sido muy chicazo —dice Lina—, jugaba a las tabas, a todo»); la Navidad, cuya evocación le infunde tristeza; los apuros de sus padres en Reyes, las únicas discusiones que les oyó en su vida, porque la madre quería que los niños tuvieran regalos y el padre tenía que recordarle que no había dinero para ello; aquellos juguetes elementales que quedan impresos en la memoria, el caballo de palo para el hermano José Luis, la muñeca de caucho para ella... Todos esos recuerdos le han dejado un poso amargo, y en Navidad suele marchar a lugares cálidos, para que nada le recuerde aquellos días.

Lina guarda impresiones vívidas de sus primeros años: los olores, algunos prosaicos, como el de los callos a la madrileña que su madre cocinaba como nadie, otros fragantes y sutiles, como el agua de lavanda de la madre; colores, como el verde de la cajetilla de tabaco del padre, los Ideales de la época...

Un día llegó a la academia de la calle Pelayo un hombre buscando niños para formar un grupo de baile. Lina rogó a su progenitor que le diera su autorización, y él, «que era un hombre maravilloso», acabó transigiendo. La madre, en cambio, opuso reparos por el qué dirían, pero finalmente aceptó. Así fue como Lina se embarcó en la compañía Los Chavalillos de España. En aquella época conoció Lina a Manolo Zarzo, «un galancete de entonces», que tenía dos o tres años más que ella, un abismo a aquella edad, y que formaba pareja con su hermana; y también a Caracolillo de Cádiz, el hermano de Juanita Reina, que también bailaba.

La experiencia, que le duró a Lina hasta los catorce años, fue agridulce. Encajó bien en la compañía por su gran facilidad para el baile. Le pagaban seis duros, mucho para la época, que enviaba a sus padres. Conoció Canarias, vio el mar... y sintió la primera nostalgia con la separación familiar. Las Navidades, las primeras que pasaba lejos de los suyos, siempre tan unidos hasta entonces, fueron un perpetuo llanto.

De aquella compañía infantil María de los Ángeles pasó a la revista. Había que buscar un nombre artístico adecuado. Lo eligieron entre su hermano José Luis y ella misma: se llamaría «Lina», porque había muchas Linas triunfantes en el mundo de la revista, y «Morgan» por aquello de la banca... Empezó de corista, de chica de conjunto, de vedette, y debutó en el teatro Ruzafa de Valencia. Todavía no había cumplido los dieciséis años y la vida no se le dulcificó: iba de ciudad en ciudad en una itinerancia inacabable, y pasaba privaciones y frío, sobre todo frío. Lina aún recuerda haberse acostado con

Pequeña, pero con todas las cosas muy bien puestas, Lina entró en la revista musical dispuesta a demostrar que se puede ser vedette utilizando la cabeza y el corazón.

el abrigo y los calcetines puestos. Ella y sus compañeros se alojaban en pensiones de mala muerte.

Aquella mujer emprendedora fue siempre consciente de sus posibilidades y de sus limitaciones: para ser vedette se necesitaba ser una chica estupenda, una condición que no era precisamente la suya: era «mona pero muy poquita cosa», según sus propias palabras; pasó por todo el escalafón de la revista: chica de conjunto, tiple, vicetiple, tercera vedette, segunda... Y como a medida que ascendía en aquella peculiar carrera era más consciente de que le estaba vedada la cúspide, decidió hacer otra cosa: ensayar su vis cómica, por consejo de Alfonso del Real y en su compañía. El debut fue en Orihuela. A partir de entonces se sucedieron pequeños papeles en aquella su nueva faceta teatral, «hasta que me hice un sitio», como ella dice con modestia. Y añade: «Yo creo que si he llegado a algo ha sido por cabezona. Siempre he sido muy cabezona.»

Su primer éxito fue el «Pichi» de *Las Leandras*, la obra de los maestros Alonso, Muñoz Román y González del Castillo, que había sido estrenada por Celia Gámez en 1931. Lina dio un sesgo personal al personaje y se ganó al público por primera vez. En 1966 formó pareja con Juanito Navarro, cosechando éxitos hasta que llegó para ella un periodo de cierta monotonía. Quería ser «ella misma», independizarse, cuando en 1972 «los chicos», Zorí y Santos, le ofrecieron unirse a ellos como empresaria. Aceptó con condiciones: cobraría un sueldo y se repartirían los beneficios, pero no las pérdidas, si las había. Debutaron en el teatro Ruzafa, el mismo en que ella había debutado como vicetiple. La experiencia fue buena: estuvieron treinta y ocho días en Valencia y amortizaron la inversión. De ahí se trasladaron al teatro Alcázar de Madrid y el éxito fue apoteósico. Lina ganó un dineral y, junto con su hermano —siempre su hermano inseparable—, guardó ese dinero con la idea de independizarse algún día.

No tardó en llegar ese momento. La primera compañía de Lina Morgan estrenó en el teatro Barceló, en Madrid. Trabajaban con ella Florinda Chico y Arturo López. Un paso decisivo en la ascendente carrera de la artista fue la compra del teatro de La Latina de Madrid, una ilusión que los dos hermanos alentaron durante años hasta conseguir el sueño. «La ilusión de mi vida —ha declarado Lina más de una vez— era comprar un teatro, y hoy es todo lo que tengo: un teatro y una casa. Y sin ayuda de nadie. Trabajando.» Lina le compró a Matías Coslada el teatro de La Latina por 118 millones de pesetas. Sin embargo, reconoce que nunca se ha sentido empresaria: «Para mí el teatro era salir al escenario. Yo era la hermana del empresario y él era el hermano de la artista... Él siempre creyó en mí. Me animaba. Era mi mejor crítico.»

Tardíamente, a la muerte de José Luis, ha tenido que tomar conciencia de lo que es ser empresaria. Y dice haber perdido gran parte de la ilusión porque «el teatro no está como debería estar, se ha abandonado, ha ido degenerando y ya no le importa a casi nadie». Hay un deje de pesimismo y de tristeza en la voz de esta mujer que ha sabido confortar a todo tipo de público.

Lina tiene sentido de la originalidad en lo que hace. «Yo soy muy rebelde. Me gusta mucho Groucho Marx —explica— porque hacía cosas que nadie había hecho en su tiempo, hace cincuenta años. Me gustaba también la ternura de Charlot.» Está convencida de que, para hacer reír, hay que derrochar ternura, amor por las personas, incluso por las cosas, y hay que tener una gran paz interior. Cree que en esto consiste su gran éxito con el público. Y no oculta un punto de legítima vanidad: «A mí me gustaría dejar huella en el teatro», afirma convencida. Y a buen seguro que ha creado ella sola un género teatral, que dejará efectivamente la memoria de una gran artista.

Sin embargo, la exploración de los otros medios (el cine y la televisión) no le ha llenado al cien por cien. Visiblemente, sus ambiciones en la gran pantalla no han llegado a colmarse. «Yo hubiera dado lo que fuera por hacer esa gran película que se titulaba *La strada*, aunque también pienso que nadie hubiera podido actuar mejor que Giulietta Masina.» Y se lamenta de que la hayan encasillado, de que sólo le hayan permitido hacer determinados papeles. En referencia al cine español actual, le hubiera agradado hacer una película como *La fuerza del cariño*. Tiene una oferta de Elías Querejeta en este sentido y la está estudiando. Querejeta ha dado envergadura dramática a cómicos que también se habían encasillado, como José Luis López Vázquez. También le agradaría ser dirigida por una mujer. Admiraba a Pilar Miró, admira a Josefina Molina...

Al margen de la grabación para televisión de sus principales revistas teatrales (fue una idea de su hermano, quien se la propuso a Ramón Colom), el gran éxito popular en la pequeña pantalla le llega con *Hostal Royal Manzanares*, tras el fallecimiento de José Luis, su puntal profesional y vital. «José Luis era media vida para mí —dice Lina—. He quedado muy desvalida.» Pero se sobrepone, es una mujer fuerte. Y aunque piensa en abandonar definitivamente el trabajo, sus amigos no se lo aconsejan. Y sigue. Recibe cartas de ánimo de sus admiradores, del público que la adora. «Cuando la vida, a esta edad, te da un palo tan grande, ya no puedes ser nunca más la misma persona, pero también puedes tratar de ser otra persona siendo la misma.»

La serie de televisión la ha animado, ha sido para ella una etapa entrañable porque ha encontrado calor humano, lo que le corrobora que la gente del teatro —y del cine y de la televisión— es especial. «¡Todos han estado muy pendientes de mí, repitiéndome que me necesitaban! ¡Para que después digan que todo son envidias en este mundo tan particular! Habrá de todo, supongo, como en cualquier profesión. Voy a recordar esa serie durante mucho tiempo, tanto por la tristeza como por las alegrías. Me he echado un pulso a mí misma para ver hasta dónde era capaz de llegar... Yo soy una persona que cree en Dios y cree en los amigos, y esos amigos han estado ahí, ayudándome. Por esto merece la pena seguir viviendo y seguir luchando.»

No le ha costado esfuerzo alguno actuar en televisión. Lina no ensaya, excepto el baile, con el resto de la compañía. Nunca se ha puesto delante del espejo para estudiar su propia mímica, para modular su comicidad. Todo es espontáneo. Le gusta improvisar, lo que vuelve locos a sus compañeros. Joaquín Kremel, «un gran actor» según Lina, decía que para seguir sus imprevisibles evoluciones había que «vampirizarla».

Las ideas de Lina son claras en la mayoría de las cuestiones vitales. El valor que considera más importante es el de la educación. Piensa que es esencial que se imponga el principio de igualdad de oportunidades. «No se puede admitir que, si hay una carrera, unos tengamos las manos atadas y nos suelten cuando los demás llevan ya recorridos muchos kilómetros. Es preciso que todos los individuos salgan a la vez, y el que corra más ha de llevarse el premio. Es justo que haya igualdad al principio, hasta un cierto punto. Después, cada uno se labra su destino.» Lina se lamenta de la precaria educación que recibió, de escribir con faltas de ortografía, de que haya pueblos marginados, gentes que no saben leer ni escribir. Y se rebela por el hecho de que se le pueda echar en cara a alguien su analfabetismo sin explicarle al mismo tiempo por qué es analfabeto. No está, sin embargo, resentida con su propia suerte: lamenta serenamente no haber tenido un sino más amable, pero sus padres no pudieron hacer más. Su padre, autodidacta también en el oficio (había sido mozo de sastrería), no pudo ir a la Universidad, se mataba trabajando para sacar adelante a sus cinco hijos. Aprendió a leer solo y devoraba con avidez todas las lecturas que caían en sus manos. Pertenecía a una generación perdida, presa en las miserias de la Guerra Civil.

Su familia le infundió valores. El padre la aleccionaba: «Si alguna vez llegas a ser algo, procura no ser soberbia.» Lina habla de su progenitor con embeleso («Es bonito eso que me decía, ¿verdad?»), pero reconoce que seguir su consejo es difícil siendo tan temperamental: «Yo he sido muy temperamental en todo, he tenido grandes odios y grandes pasiones, aunque las malquerencias se me olviden a los dos o tres días...» También la madre tuvo gran influencia sobre ella. Era una mujer muy de su tiempo, desconfiada («No te fíes de éste o de aquél»), conservadora («¡Dios mío! ¡Artista!»), chapada a la antigua. «Cuando mi madre tenía ochenta y nueve años —explica Lina— y yo cincuenta, cuando llegaba a casa después de la función de noche todavía me esperaba despierta y me recriminaba: "¿Qué horas son éstas de venir?" Y yo, con paciencia, siempre le acababa respondiendo lo mismo: "Si quieres, no hago el final de la función y vengo a casa antes..."»

Lina prefiere no hurgar en su vida sentimental («He tenido mis novios, pero no me gusta hablar de ellos»), si bien aclara que no ha sacrificado su vida personal por el teatro: «Cuando trabajas en lo que verdaderamente te gusta, no sacrificas nada.» Tiene un concepto muy sólido de la amistad. Del teatro conserva amigos de los primeros años, los esforzados, y de los años siguientes, cuando ya el triunfo comenzaba a sonreírle. «La gente del teatro forma una raza distinta —piensa Lina—, para lo bueno y para lo malo. Si volviera a nacer, seguiría perteneciendo a este mundo.» Al margen de la farándula, reafirma su gran amistad con Luis María Anson, «la persona más maravillosa que me he encontrado en mi vida, el ser humano con más sensibilidad que se ha cruzado en mi camino, que ha sabido estar a mi lado en los momentos en que lo he necesitado, y no artísticamente: personalmente. Anson —prosigue Lina— ama el teatro, y lo ha ayudado mucho; ha sido muy generoso conmigo, con Ana Belén, con Alberti...». En el escalafón particular de los afectos, al margen de su familia, Lina ubica en segundo lugar a Jesús Hermida.

La vida de Lina está centrada en su profesión. No le gustan las tareas de la casa («No me apetece entrar en la cocina, y al cabo para esto he estado siempre trabajando, para no tener que cocinar»), aunque no se le caen los anillos si ocasionalmente tiene que hacer esas labores. Ha leído cuanto ha caído en sus manos —desde García Márquez hasta Neruda, todo Lorca, le agrada Jardiel Poncela, conoce bien a Camilo José Cela—, aunque reconoce que se ha metido a veces en jardines literarios o estéticos de los que no sabía salir. Va a ver todo el teatro («La gente a la que nos gusta el teatro debemos verlo todo») y emite sus propios juicios, que guarda para sí. Va poco al cine: le gusta el cine español, pero no se identifica mucho con el que se hace actualmente. «Quizá no esté preparada para entenderlo», dice. Le encantó *¡Ay, Carmela!* (le hubiese gustado mucho hacerla) y también *Más allá del jardín* («Concha Velasco estaba espléndida»).

Se reconoce feminista hasta un cierto punto. Admira a todas las mujeres que son luchadoras, independientes y que no por ello dejan de ser femeninas. No es vanidosa en el vestir, aunque le agrada estar guapa. En otra época le gustaban los vestidos llamativos (la ropa estrecha), pero ahora ha optado por la comodidad, siempre que no tenga un compromiso o una fiesta... Se considera clásica en el vestir. Una mujer sensata, en una palabra.

Trabajadora infatigable, curtida durante más de cuarenta años en los escenarios, Lina se rebela contra los impuestos, que le parecen exagerados, confiscatorios. A su juicio, tan criticable es que antes no se pagara impuesto

A los trece años, María Ángeles López Segovia, popularmente conocida como Lina Morgan, debuta en la compañía infantil Los Chavalillos de España. Han pasado muchos años y Lina es hoy una de nuestras cómicas más importantes.

Una imagen para el recuerdo. Junto a Lina, las personas a las que más ha querido: su madre y dos de sus hermanos. Su corazón quedó destrozado con la muerte de José Luis, quien le apoyó en los periodos más duros de su vida, estuvo junto a ella en los momentos de triunfo y la animó a comprar el teatro de La Latina, un sueño hecho realidad.

alguno como que ahora el tipo impositivo sea del 56 por ciento. La mala situación del teatro en general, y el hecho de que en su teatro haya de pagar la nómina de cuarenta y tantas personas además de los otros gastos, ponen su actividad en situación comprometida. Y eso es particularmente injusto, afirma, cuando a ella no la ha ayudado nadie, ni en forma de subvenciones ni de ninguna otra manera, «ni para comprar una bombilla, y lo puedo decir muy alto». En relación con esta elevada fiscalidad, no es cierto que en televisión haya ganado los dos millones de pesetas por capítulo que dice la gente: sólo cuatrocientas mil. Y para evitarse berrinches, confiesa, desde que su hermano no está con ella para estos asuntos lleva dos cuentas: una para sí misma y otra para Hacienda. Paga, pero se rebela contra ello: «A mí me duelen los huesos de tanto trabajar, me quedo afónica, me han operado de las cuerdas vocales dos veces... ¿y tengo que pagar el 56 por ciento para esta gente? Mi hermano decía que ésta es una señal de que tengo dinero... Así que me he de conformar.»

Lina Morgan es una mujer atractivamente sencilla, con ideas claras, a veces incluso luminosas, sobre su propia profesión. Acerca del humor, que tan admirablemente desarrolla en el escenario, reconoce tener gustos particulares. Le agrada el humor picante pero limpio; detesta lo burdo y lo desagradable. Aprecia en particular a Moncho Borrajo porque, al verle —dice—, es inevitable reconocerle ingenio e inteligencia. Nunca explotaría los defectos ajenos; piensa que es terrible reírse de un gangoso, y demasiado fácil hacer gracia de este modo. Sobre sí misma cree que su mérito estriba «en la entrega total, en el cariño al trabajo, en el esfuerzo sobrehumano por sacar adelante a su personaje, que está lleno de vida, de humanidad, de amor, de necesidad de ser querida. Un personaje que refleja a un montón de personas que hay en el mundo y que necesitan el aliento y el afecto de los otros, ser alguien, en una palabra. Es, como Charlot, el clásico perdedor que al final gana». Reconoce que a veces se identifica con él, aunque ella no tiene nada que ver con sus características ni está necesitada de afecto: sus hermanos, sus padres, sus amigos del alma... «No es falta de cariño lo que yo tengo». Y le conmueve que sus admiradores la confundan con el personaje: «Hay mucha gente que me escribe para contarme problemas, amores, desencuentros. Se creen que tengo la bondad de mi personaje, y no soy tan buena como piensan.»

Reconoce que encaja mal las críticas. Le halaga, como es natural, el elogio, sobre todo el que descubre su veta interior. Vittorio Gassman dijo de ella: «Es una cómica muy buena, muy *brava*, pero es una trágica impresionante.» Lina piensa que la observación es certera, porque tiene la pena reflejada en los ojos y la sonrisa de un niño. José Luis de Vilallonga ha dicho de ella que tiene unos ojos preciosos, pero con una especie de tristeza, de melancolía. Lina, aunque vanidosa confesa, siente una púdica perplejidad ante el halago. Y se irrita ante la censura infundada: «Martín Prieto, que es un estirado, escribió en su periódico una columna en la que decía que no entendía por qué yo le gustaba a su madre. ¿Qué culpa tengo yo de gustarle a su madre?» En general, acepta las críticas constructivas, aunque no sean favorables, pero no las que contienen una descalificación global, la de ciertos intelectuales a los que molesta y que le manifiestan desprecio. No las acepta porque, si tuvieran razón sus detractores, «no habría tenido una audiencia de siete millones en televisión, no podría llenar el teatro todos los días... Algunos dicen que siempre hago lo mismo. ¿Y es poco mérito estar treinta años triunfando a base de hacer lo mismo? No puede deberse a la casualidad. Para algunos críticos —añade— no es importante que el pueblo llano, el que tiene que coger el coche, ir a la taquilla, ponerse a la cola con frío o con calor y pagar una entrada, llene cada día mi teatro. Gente que ha venido a veces en autobús desde la otra punta del país, y que me trae el queso de su tierra, o los mejores pimientos de su huerta... Para algunos "estirados" tampoco es importante que el último premio Nobel, Dario Fo, me viniera a ver y me felicitara calurosamente, o que hayan pasado por mi teatro personajes como Tierno, Botín, Escámez, la duquesa de Alba...».

Con razón, reivindica su trabajo y su valía. «Dicen que soy un fenómeno sociológico, pero quiero que comprendan que eso no es por casualidad, que no ha sido un milagro que ha ocurrido de la noche a la mañana. He cumplido sesenta años y llevo cuarenta y siete trabajando en serio, pues a los trece ya estaba en los escenarios interpretando papeles de niña, y esto es toda una vida. He salido a actuar afónica, enferma; tengo una rodilla muy dolorida; me he operado de cataratas y he tenido un desprendimiento de retina; me han operado de las cuerdas vocales, que he tenido ulceradas de la época en que hacíamos tres funciones diarias en la compañía de Juanito Navarro; he recorrido España de punta a punta en autobuses siniestros... Y no lo digo en tono quejumbroso sino al contrario, con mucha satisfacción, porque sé que ha habido mucha gente que ha hecho el mismo esfuerzo y que ha obtenido a cambio frutos muy menguados.»

# 3
# Rocío Jurado

Rocío Jurado nació en Chipiona (Cádiz) el 18 de septiembre de 1944. Era la mayor de tres hermanos. Su padre, Fernando, zapatero de profesión, era muy aficionado al cante. Su madre era sencillamente ama de casa.

«Nunca me propuse cantar. Canto desde que tengo uso de razón. A mi familia le gustaba oírme, pero a mi padre no. Era muy moro, de una familia muy tradicional. No le importaba que cantase en mi casa, pero no me lo permitía de puertas afuera. Cuando le decía que quería ser artista me contestaba con una frase que a mí me dolía especialmente y que tiene algo de profética: "Por encima de mi cadáver." Y precisamente porque murió tuve que dedicarme a cantar...»

A Rocío Jurado, en plena madurez, casada con el diestro cartagenero José Ortega Cano desde la primavera de 1995, le duele recordar. Tiene que hacer un gran esfuerzo para no emocionarse cuando habla de sus progenitores... Quienes no la conozcan no saben la ternura y la fuerza que esconde tras esa imagen de diva de la copla.

Para hablar de su infancia, de su familia, de sus fracasos y triunfos, Rocío ha elegido su casa de La Moraleja, y allí, una sala de estar en la que se encuentra especialmente cómoda. No es una habitación de grandes dimensiones, pero se nota que es una sala vivida, testigo mudo de tantos y tantos momentos de gloria y de soledad.

La muerte del padre de Rocío, antes de que ésta cumpliera los trece años, fue un acontecimiento que cambió radicalmente su vida, no sólo en lo material sino también en lo personal. Hasta entonces, sus recuerdos infantiles están pletóricos de felicidad. La suya era una familia muy unida, en la que los hijos advertían perfectamente el cariño y el respeto que se profesaban sus padres y la buena relación de ambos con los abuelos. «La primera impresión que guardo de mi niñez —afirma Rocío— es la de estar todos juntos para lo que hiciera falta; la de disfrutar con la familia, una familia que lo compartía todo. He crecido sintiéndome muy querida, con mucho cariño a mi alrededor.»

La orfandad le llega a Rocío por sorpresa, cuando empezaba a despertar a la vida, en plena adolescencia. Le produce un profundo dolor, que le resulta destructivo, hasta tal punto que en algún momento teme no poder soportarlo. «No es verdad que el corazón no duela: cuando se sufre, duele mucho. Yo experimenté un gran desgarro cuando sentí la falta de amor que me produjo la marcha definitiva de mi padre, porque yo estaba totalmente enamorada de él. Era, para mí, el prototipo de hombre magnífico. Y desapareció de la noche a la mañana... Llegó a casa con un dolor de oído a las diez de la noche y a las tres o las cuatro ya había muerto. Tuvo una otitis aguda con una inflamación tan grave que le perforó las meninges. Fue un golpe tremendo. Incluso hube de seguir tratamiento psicológico; tuve pesadillas mucho tiempo y padecí trastornos emocionales porque yo no era capaz de asimilar aquella tragedia. Además, yo era entonces una persona muy creyente y tenía la convicción, un tanto infantil, de que vivía como en un cuento de hadas, de que si yo me portaba bien todo lo que pidiera me sería dado... y aquella muerte no tenía lógica con semejante planteamiento. Me costó mucho asumir la realidad. Aquél fue el peor golpe de mi vida, porque, aunque ha habido otros después, ya estaba luego más preparada para enfrentarme a ellos.»

Rocío y su madre, Rosario, se van a vivir a casa de los abuelos maternos, Antonio «El Pilila» y Rocío. Allí, la niña encuentra «cuatro padres»: su abuelo y sus tres tíos, los tres hermanos de su madre. Todo el núcleo familiar la arropa y la protege, pero en aquel mismo momento ella pierde ya en cierta manera su niñez: comienza su vida de adulta. Pronto tiene que dejar su mundo infantil al advertir con crudeza que hay que ayudar, que trabajar, que apoyar a su familia.

Trabajó en varias cosas: en el campo, fue modista, zapatera... Pero en el pueblo tenía fama de cantar bien. Lo hacía en las celebraciones, participaba en coros... era notorio que estaba dotada de una magnífica voz. Le gustaban las fiestas, aunque para acudir a ellas tenía que vencer primero su irreprimible timidez. Sin embargo, luego disfrutaba con el cante y el baile, y acabó dándose cuenta de que ése era el camino. «Rociíto —le decían—, ¿por qué no cantas?» «Rociíto» es para ella un nombre entrañable, porque siempre lo ha utilizado gente que le ha querido mucho.

Desde muy niña siente una gran pasión por aprender, por conocer, todo le llama la atención. Siempre ha experimentado una inquietud por conocer. Reconoce que su trauma permanente es no haber estudiado. A raíz de la muerte de su padre, deja el colegio. La familia necesita sobrevivir, y ella no ha tenido tiempo de labrarse un porvenir. Irremediablemente y para siempre, también siente el resquemor de no haber estudiado música, canto en concreto: «Me crié en un colegio de monjas y cantaba en el coro. Me sabía las misas de memoria. Por esto mi sueño secreto, aunque lo que más adentro llevaba desde mi nacimiento era el flamenco, era el de estudiar canto, el de cultivar mi voz, pero no fue posible... Tuve que ponerme a trabajar para vivir.»

Puesta en la tesitura de tener que ganarse la supervivencia, Rocío decide trasladarse a Madrid. Se presenta primero, con éxito, a algunos concursos musicales en Sevilla. Todos le dicen que para triunfar tiene que viajar a Madrid, que es donde están las verdaderas oportunidades. Lo plantea en su casa y encuentra resistencia. Su abuelo se opone, le dice que se quite tal cosa de la cabeza; la abuela adopta una actitud parecida, aunque menos rotunda; la madre también rechaza tal pretensión, porque supone ir con ella a Madrid (no había ni que pensar en que Rocío, muy joven aún, emprendiera la aventura sola) y dejar por tanto a los hermanos de la niña, que también son sus hijos... Cuando lo ve todo perdido, Rocío emprende una huelga de hambre, «una huelga de hambre muy seria, hasta tal punto que llegué a pasarlo

Cinco años tenía Rocío Jurado Mohedano cuando le fue tomada esta foto en Chipiona (Cádiz). Poco podía imaginar en esa época la cantidad de sorpresas que le iba a dar la vida.

Rocío fue una niña precoz. A los diez años el cante y el baile le gustaban más que ninguna otra cosa en el mundo. Bastaba con que algún vecino o conocido de su familia la invitara a cantar para que ella hiciera alarde de una voz extraordinaria.

muy mal». Así consigue vencer las resistencias familiares y ganar la partida. «Mi abuelo tuvo conmigo una charla —explica—, en la que hubo algún pellizquillo y algún sopapillo, porque yo no atendía a razones. Él decía que yo era demasiado tozuda, y yo no soy realmente así, no me obstino con las cosas, pero en aquel momento era necesario. Si no llego a comportarme con terquedad no habría podido cumplir con mi vocación ni ayudar a mi familia. Porque yo no he sido sólo una artista vocacional (que sí lo soy: con la vocación se nace, y muere con uno); también era consciente de que existían unas necesidades familiares que atender. Mis abuelos nos lo hubieran dado todo, y ella, la abuela, era una mujer de posibles, pero no era cuestión de que nos mantuviesen indefinidamente a toda la familia.»

Sin pensarlo, Rocío y su madre emprenden viaje a Madrid. «Imagínate, yo no había salido del cascarón cuando mi madre y yo decidimos emprender esa aventura. ¿Por qué decidimos dar aquel paso? Sencillamente porque un señor que me había oído cantar me escribió a Chipiona diciendo que me iba a poner en contacto con unas personas que se encargaban de encontrar nuevos valores para un concurso que había en Televisión Española. Esa carta fue el apoyo que necesitábamos para dar el paso definitivo. Con tan mala suerte que al llegar, caímos enfermas. La huelga de hambre me había dejado sin defensas, y en un estado tan lamentable que cuando aquel hombre me vio, desapareció y no volvimos a verle el pelo. Ante semejante panorama mi madre se puso también mala...»

Solas y un tanto atemorizadas por la magnitud de la

aventura que habían emprendido, Rocío y Rosario se instalan en una pensión de la calle Áncora, muy cerca de la estación de Atocha, propiedad de «una familia de Murcia que se portó maravillosamente con nosotras».

Enterados de la situación que estaban atravesando, unos paisanos de Chipiona, Luisita y Emilio, les ayudan a buscar una pensión donde pudieran instalarse de manera más estable; al fin, encuentran un lugar en la calle José Antonio Armona, en casa de doña María, «una mujer mayor, católica y maravillosa» que tenía una casa grande en la que recibía huéspedes. Les alquiló una habitación con derecho a cocina, y allí se sintió Rocío como en su propia casa.

Madre e hija llegaron a Madrid con la más absoluta ignorancia de lo que era el mundo de la canción, el proceloso negocio del espectáculo. «Nosotras lo habíamos visto en las películas —dice Rocío ingenuamente—, pero la realidad era bien distinta. El mundo en que yo quería abrirme camino es muy complicado, y cuando empiezas es muy difícil que se te abra alguna puerta.» No conocían a nadie y nadie las conocía a ellas. Rocío empezó a ir a la academia del maestro Quiroga (el de «Quintero, León y Quiroga», el famoso trío de compositores de música española de la posguerra), pero por allí nunca aparecía Quiroga. Llegaba puntualmente un pianista, tocaba temas de Quiroga, Rocío cantaba tres canciones y la clase había terminado. Nadie la veía, aquello no le abría ninguna puerta, pero le permitió un primer aprendizaje.

El dinero que les había dado su abuela, que no era mucho (unas 13.000 pesetas), se estaba acabando. Rocío y su madre, desesperadas por su búsqueda infructuosa, decidieron escribir a un amigo de Chipiona, un tal Manolo («Manolo el de la Huerta» le llamaban entre ellas), relativamente introducido en los ambientes musicales, para pedirle ayuda. A vuelta de correo, Manolo les recomendó que fueran a ver a Concha Fernández (la mujer de un banderillero, «El Johnny»), quien había conocido a Rocío cuando ésta era muy niña y la había animado incluso a ser artista, a ir a Madrid, ofreciéndose a ayudarla en la capital. Concha se acordaba perfectamente de aquello y las recibió muy bien. Les presentó a Gitanillo de Triana y a Pastora Imperio, que contrataron a Rocío en El Duende. «Ahí empezó otra etapa, ya trabajando, pero también con muchas dificultades, porque la competencia era muy fuerte. En ese mundo estaban todas las que ya cantaban, mucho mayores que yo, y también las que empezaban y querían sobresalir con un estilo propio. Era muy complicado intentar encontrar un estilo nuevo, una personalidad.»

Adolescente aún, Rocío era consciente de que, además de cultivar su profesión, había de formarse en otras cosas para afrontar la vida. Así que, en cuanto dispuso de algo de dinero, acudió a una academia a aprender inglés y cultura general. Más tarde contrataría profesores particulares en su propia casa. Todo le llama la atención: los libros y, sobre todo, cuanto se relaciona con las Bellas Artes: escultura, pintura... Confiesa que la lectura es su mayor pasión después de la música.

Cuando Rocío empezó a trabajar en El Duende cambiaron madre e hija de residencia: se fueron a vivir a un piso situado sobre el propio local, propiedad de Paco y

Lucía Linares. Él había sido cantaor y ella se ocupaba de la limpieza de la sala y daba hospedaje a muchos artistas: Bambino, «La Cañita de Málaga», José Salazar, Juan Peña «El Lebrijano»... Allí, en el *office* de la vivienda, a la salida del tablao se formaban animadas tertulias por las noches, se cantaba y se bailaba...

En su afán por encontrar un lugar en el mundo del arte, Rocío y su madre fueron a ver a Concha Piquer y mantuvieron con ella un encuentro decepcionante. Pasado el tiempo, Rocío quiere reducir aquel encuentro a la mera categoría de anécdota. Las recibió mal, con prisas, con malos gestos que eran —Rocío se dio cuenta años después— una clara invitación a que se marcharan. La niña tuvo la osadía de cantar algunas de sus canciones en su presencia, y el comentario de la Piquer fue inefable: «Niña, tú lo que tienes es mucha cara.»

Roció le comentó aquella escena a su amiga Concha Fernández, a quien preguntó: «¿Así son todas las artistas?» Y Concha le decía que sí, que ésas eran efectivamente cosas de artistas. De cualquier modo, aquella referencia negativa le dejó huella y, por reacción, ha procurado comportarse en la vida en sentido contrario: aquel desaire le ha llevado «a escuchar más a la gente, a apoyar a quien he podido cuando he podido, a prestar atención a los demás, a echar una mano a quien me ha necesitado, a dar buenos consejos... A mí me ha hecho ser diferente en este sentido».

La Piquer era, junto a Lola Flores y Juanita Reina, uno de sus ídolos. Pero sobre todo habla Rocío de Juanita Reina, «porque ella, en el escenario, ha sido un monstruo sagrado, una mujer con una sensibilidad increíble». A la Piquer nunca la vio actuando: la conoce a través de sus canciones, que considera magníficas y muy bien interpretadas. «Para mí era un ídolo, para mi familia también, y para toda España, porque toda España la adoraba artísticamente. En una época en que España estaba dividida, y las dos Españas cantaban las canciones de la Piquer.»

El primer dinero que gana Rocío con su trabajo —trescientas pesetas— les sirven a madre e hija para sobrevivir. Después de pagar las deudas que habían contraído empiezan a dormir un poco más tranquilas. Como es lógico, los abuelos, que se han quedado en Chipiona, saben las calamidades que han tenido que pasar su nieta y su hija para que la más joven consiga aquello que más deseaba, cantar. Y aunque nada o casi nada pueden hacer, de vez en cuando les envían un dinerito que, como es natural, dejan de mandar en el momento en que Rocío obtiene su primer trabajo.

Al cumplir los quince años, Rocío hace realidad su gran capricho: «Con el dinero que gané en aquella época me compré un traje de flamenca que me costó tres mil quinientas pesetas; era de una tela *mu matá*, *mu* mala, pero todavía lo guardo porque le tengo mucho cariño. Y es que mi vida, que tiene mucho de película si la miras con perspectiva, sin apasionamiento, tiene también una parte importantísima de sufrimiento y penalidad. Algo que me ha valido mucho para no perder el sentido de la realidad. Buena prueba de ello es que en mi dormitorio tengo una serie de fotos pequeñas que miro de vez en cuando y que me sirven para tener los pies en la tierra. En uno de esos retratos hay una foto mía con una cara de paleta tremenda, de cuando yo iba al campo a expurgar la uva. Junto a ese retrato hay otro en el que estoy con Gracia de Mónaco. Las tengo juntas para no olvidarme nunca de dónde vengo. Porque tan importante es lo que he llegado a conseguir como lo que he tenido que pasar para conseguirlo. La vida es así, y el que se crea que es un cuento de hadas, se engaña...»

Su madre sigue siendo el gran apoyo de Rocío Jurado en aquellos difíciles años. Siempre añorando a sus demás hijos y el ambiente familiar que ha tenido que abandonar para que su hija mayor salga adelante, la apoya, está siempre a su lado, se convierte en su mejor amiga, en la gran ayuda, en la confidente, en la compañera inseparable a quien la futura estrella termina idealizando: «Mi madre fue una madre especial —dice Rocío con una visible pasión filial— y, además, todo el mundo que la conoció terminó queriéndola. Llegó a un punto nuestra comunicación que ya no me daba consejos: se había convertido en la línea que yo debía seguir y que daba sentido a mi vida; ella misma era el propio consejo. ¿Que si tuvo influencia en mí? Pues claro que sí. ¿Cómo no iba a tenerla si es la persona que más me ha ayudado y más ha arriesgado por mí? Dejó a mis dos hermanos para venirse conmigo a Madrid, fue mi mejor amiga, la que nunca me ha vendido, la que nunca me ha fallado, la que estuvo en los grandes momentos y en los pequeños. Mi madre era de una gran bondad... Mira si lo era que cuando los homosexuales estaban mal vistos, algunos que eran amigos míos venían a mi casa para refugiarse de las ingratitudes del mundo. Mi madre, que no entendía de esas cosas, les ayudaba, les daba cariño, y sobre todo les respetaba... Era una gran mujer.»

Al tiempo que trabajaba en El Duende, Rocío comenzó a grabar discos. Su guitarrista era Paco Aguilera, que tenía un contrato con Columbia. El director artístico de esta compañía, el maestro Cisneros, fue un día a verla e inmediatamente le ofreció un contrato. De esta forma comenzó una carrera ininterrumpida ya en esa primera etapa de su vida artística. Desde el primer momento empezó a grabar estilos diferentes y con mucha frecuencia, «porque como era una artista que tocaba varios palos, lo mismo me pedían que cantara saetas que sevillanas, flamenco o canción española, boleros... Cualquier cosa». Todavía recuerda con afecto la figura de Cisneros, «un hombre muy entrañable, un magnífico músico; a mí me valió de mucho que se fijara en mí».

La carrera de Rocío se acelera. Va Alfredo Fraile (padre) a ver su espectáculo y poco después la contrata para hacer su primera película: *Los guerrilleros*, con Manolo Escobar. Más tarde, también con Manolo Escobar, participa en su primer espectáculo, primero en el teatro Calderón, en Madrid, y luego por toda España. Actúa más tarde en diversos espectáculos con El Príncipe Gitano y con Alfredo Gil. Allá donde encontraba una oportunidad de trabajo iba ella, para sobrevivir económicamente y para hacerse un nombre.

En cuanto comienza a ganar algo más de dinero que el de la pura subsistencia manda parte de sus ganancias a sus hermanos. Más tarde se los trae a Madrid, junto con sus abuelos, a vivir con ellas. Así soluciona la nostalgia de su madre, a quien se le hacía muy duro vivir sin su familia más directa. Los tíos de Rocío, ya casados y con hijos, se quedan en su tierra. La familia completa se va a vivir a un piso de la calle Cartagena, en el número 16. «Era una casa pequeña, pero como había mucho cariño, nos adaptábamos. Teníamos una cama en un cuartito, con cuatro colchones encima, y por la noche había que extenderlos para que todos pudieran dormir. Yo dormía en otro dormitorio más grandecito, con Gloria, mi hermana... O sea que aquélla no era una "casa cuna" pero sí una "casa cama". Pero era todo muy bonito porque había mucha unidad. Mis hermanos estaban estudiando y yo me sentía muy orgullosa de poderles pagar los estudios...»

Después de haber vivido tanto tiempo en esa comunidad, en la que todo cuanto había era de todos, Rocío no entiende el afán de algunos de sus compañeros de profesión por amasar fortuna. «Nunca he entendido a esa gente que sólo cree en el "San P'acá". A mí me gusta ser generosa. Cuando veo la generosidad en otras personas, me emociona. Y cuando la practico yo, me parece una cosa natural.»

De El Duende va a Los Canasteros, el tablao probablemente más importante del Madrid de la época, donde actúa Manolo Caracol, «un hombre mágico —dice Rocío—, que levantó el nombre mítico del flamenco», y que le da la categoría de primera figura en el espectáculo. Rocío conquistó el afecto de aquel hombre y el de su familia. Por aquellos años a Rocío se la empieza a llamar «la Antonio Ordóñez de los tablaos». Cuando lo recuerda sonríe y dice: «¡Qué duda cabe de que algo de torera he tenido!»

Para Rocío, el éxito es un concepto deslizante, progresivo, que descansa sobre dos pilares: la capacidad económica y la popularidad. «Yo creo que mi triunfo empieza en el momento en que puedo empezar a ayudar a mi gente. Frente a los demás, el triunfo llega cuando comienzo a ser conocida por la calle.» Acerca de este asunto, el verse reconocida por los transeúntes, cuenta Rocío una anécdota deliciosa: «Acudí una vez a un representante de artistas a pedirle trabajo. No tendría todavía los dieciocho años (cuando llegué a Madrid me faltaban tres meses para cumplir los quince), y aquel hombre me dijo que, dedicándome como me dedicaba a la canción española, era muy difícil. Le rogué alguna ayuda, aunque fuera un contrato por poco tiempo (en aquella época contrataban por quincenas o por meses). Me respondió que yo todavía no tenía imagen, y aquello me indignó; en mi inexperiencia, todavía no sabía qué era ser discreta. "Pues tengo tanta imagen que incluso voy a tener que contratar a una persona para que me lleve la imagen. Y usted me organiza las galas." "¡Ni que tú fueras Brigitte Bardot!", me contestó. Quise convencerle de que ya era yo una artista conocida. "Vamos a hacer una cosa —me dijo—: saldremos a la calle, y si de cien personas a quienes preguntes te conoce una, te hago un contrato." No supe ni qué contestar. Pasé un rato horroroso y salí de allí llorando, con mi madre consolándome. Después me hice muy amiga de aquel representante, que siempre que me ve me dice lo mismo: "¡Ay, Rocío, cómo eres!" La experiencia no fue sin embargo inútil: me di cuenta de que mi puesta en escena había de ser de otra manera, de que había de cuidar mi vestuario, buscar un estilo propio, cambiarme el pelo... En vez de

El camino hasta alcanzar el triunfo fue difícil y estuvo lleno de obstáculos, pero Rocío siempre contó con el cariño y el apoyo de su madre, que durante años, hasta su muerte, fue su confidente y amiga.

venirme abajo, supe aprender las lecciones que aquel hombre, quizá sin quererlo, me había dado.»

El primer gran contrato lo logró para un importante espectáculo, con gran orquesta, en el teatro de La Zarzuela de Madrid. Se llamaba *Pasodoble*, y fue el último trabajo de Quintero, León y Quiroga. Consiguió esas actuaciones cuando sólo tenía diecisiete años. Por supuesto, aquello colmaba muchas de sus aspiraciones y suponía un gran avance en su carrera. Para entonces ya había ido una vez a América a hacer televisión y había tenido mucho éxito; tanto, que desde entonces siguió yendo todos los años.

Antes de actuar en *Pasodoble*, Rocío había montado otro espectáculo itinerante, *Rosa y aire*, que había ido muy bien en determinadas localidades pero muy mal en otras; el fracaso fue estrepitoso durante la Cuaresma en los pueblos que recorrió en esa época. Ello le ocasionó serios problemas para pagar la nómina; se desesperaba —y ése es uno de sus recuerdos más agrios— cuando miraba a la platea a través del agujerillo que tiene el telón en todos los teatros y veía la sala vacía, con apenas unas cuantas parejas... «Pero se aprende. Creo que se aprende más de los fracasos que de los éxitos. Sirven para hacerte fuerte, para que no te creas del todo el éxito cuando llega.»

Y el éxito le ha llegado, qué duda cabe. Ella cree que el éxito siempre es muy subjetivo y explica apasionadamente su manera de entenderlo dando rienda suelta a toda su vitalidad: «Éxito es ir un día a Nueva York, al Madison Square Garden, sin haber pisado nunca antes aquel escenario, y que el público se ponga de pie enardecido después de cada tema. Éxito es también sacar un disco y que el disco obtenga las mejores críticas y reciba todos los premios (alguno de mis discos tiene hasta siete premios internacionales...). Éxito es verte de repente en el Billboard en los primeros puestos, en unas listas que no ha hecho precisamente un conocido tuyo ni son el resultado de las gestiones de las casas de discos. Éxito es ver que si antes trabajabas en locales pequeños, con poco caché, de pronto vas a lugares donde caben multitudes y se llenan. Éxito es que algunas de tus canciones se conviertan en números uno en todos los países en que se han editado... Después, naturalmente —puntualiza—, hay otro tipo de éxito que es el subjetivo, el que depende de la personalidad del artista, el que da verdadera satisfacción interior.»

A medida que la cantante madura, el reconocimiento de las masas va haciéndose habitual, y adquiere menos importancia que el de la crítica especializada, el de la prensa seria que habla con respeto del trabajo profesional y bien hecho. Y son especialmente apreciados ciertos acontecimientos que indican la culminación de una carrera. Así, para Rocío, tuvo singular trascendencia la Medalla de Oro de las Bellas Artes que le impuso el Rey en febrero de 1996 (se la concedió el Consejo de Ministros el 28 de diciembre de 1995). «Esto es algo mucho más sólido —comenta—, porque es un reconocimiento de valores que van más allá del simple mérito artístico, que inciden en la vertiente más humana del artista.»

En su ya larga trayectoria profesional ha tenido ocasión de codearse con innumerables personalidades: premios Nobel, jefes de Estado, artistas consagrados... Ha conocido a Indira Gandhi, que le dejó una huella indeleble, a varios presidentes de Estados Unidos, a líderes de todo el mundo, a personajes importantes de la ciencia... Se siente muy afortunada por ello. También ha tenido oportunidad de hacer, durante su intensa vida profesional, muchos amigos; tiene un sentido muy elevado de la amistad.

Por supuesto, el éxito profesional no es completo si no va acompañado por el personal. Para Rocío, éste es indispensable para poder exhibir un verdadero triunfo en la vida. «Yo he tenido en la vida personal grandes fracasos —explica—. Y también cosas muy bonitas. Me he equivocado muchas veces, y eso me producía sensaciones contradictorias: a veces tenía algunas canciones triunfando, en los números uno, pero interiormente estaba deshecha. Para triunfar verdaderamente en la vida tienen que unirse las dos cosas.» En la actualidad, esa duplicidad se colma: «Éste es un momento en que tengo un porcentaje alto de triunfo en la vida, tanto en lo personal como en lo artístico. En lo profesional, me llenó mucho la Medalla de las Bellas Artes, y estoy haciendo un tipo de música que me complace especialmente, cantando con grandes orquestas sinfónicas. En lo personal, también siento plenitud. Mi hija está muy bien... es una recompensa a todo lo que he luchado. Aunque, indudablemente, en la vida de los artistas hay altibajos. Es como la ola de mi canción... Unas veces más arriba y otras más abajo.»

Rara vez confiesa sus nostalgias más íntimas, que se refieren sobre todo a la infancia, insuficientemente vivida. «Recuerdo a veces —confiesa— las comidas de mi abuela Rocío; también sus consejos, más abundantes que los de mi propia madre. Era muy senequista y lanzaba constantemente sentencias sabias que todavía recuerdo y que me sirven aún de referencia. Recuerdo aquellos sabores de mi casa, de niña: el marisco, que siempre traía mi padre recién cogido de los corrales de Chipiona, los guisos, las berzas, aquel pollito con tomate de la abuela, su gazpacho sin pepino... Es como una sinfonía de olores que todavía conservo, que no se han borrado. Y a ellos habría que añadir el olor del mar, que siempre percibo esté donde esté. El olor de las algas de la orilla del mar en Chipiona...»

A veces, sus recuerdos se basan en objetos, que conserva con especial cuidado. «De mi madre guardo una cabecita de coral de un pendiente que ella me regaló; una vez entraron ladrones en casa y se llevaron las joyas, pero me dejaron una de aquellas cabecitas de los pendientes. ¡Sabrían que aquello era importante para mí!... También conservo una agenda de mi madre, de cuando vinimos a Madrid, donde están las anotaciones de las direcciones y los teléfonos de las personas que íbamos conociendo... De mi abuela Rocío guardo cosas antiguas: algunos mantones, un pañuelo, una mañanita que me regaló con mucho amor y que siempre me recuerda a ella... Necesito todas estas cosas para poder vivir...»

Uno de los pilares que sostienen a Rocío Jurado es su fe católica: «Yo soy una persona que rezo mucho... Pero no rezo de la forma tradicional. Yo me planteo una conversación con mis seres queridos, con mi Virgen de Regla, con mi madre, y les hablo y me abro a ellos como si estuvieran junto a mí. No pienso que estoy hablando a lo desconocido, tengo la certeza absoluta de que me oyen. Fíjate qué fuerte es mi fe.» Otro pilar es su sentido patriarcal de la familia. Quizá porque la muerte de su padre supuso un desgarro para ella, a una edad muy temprana, con el consiguiente cambio que eso supuso en su vida, es por lo que la cantante vive rodeada de todos los suyos: su hermano Amador tiene una enorme influencia en su vida profesional, y no digamos su hija Rocío, la niña de sus ojos: «Los hijos tienen derecho a ver las cosas de diferente manera. En mi caso, mi hija no es demasiado rebelde, pero le gusta hacer las cosas a su manera. Yo la dejo que se equivoque, o que acierte. Nadie ha tenido la certeza de nada. Y mi hija tiene derecho a afrontar las cosas a su manera. Hay que dejarles, aunque les vigiles y te preocupes por ellos, es ley de vida...»

Respecto a su vida sentimental, me atrevo a calificarla de paloma brava. Casada en primeras nupcias con Pedro Carrasco, la ruptura le afectó tanto que hizo lo imposible por que ésta se llevara a cabo de la forma más amigable posible: «Fue un duro golpe llegar al convencimiento de que tenía que romper. Pensaba que eran cosas que les ocurrían a los demás, y que nunca me iban a ocurrir a mí... Gracias a Dios, no llegamos a enfadarnos, ni a tener broncas de esas en que las parejas se acusan de haber hecho esto o aquello. Por respeto a nuestra hija, que es lo más grande de este mundo, no podíamos ofrecerle el espectáculo de unos padres tirándose los platos a la cabeza. Además, si algo no cambió en nosotros fue el respeto por la persona y por su profesión...»

Conseguida la nulidad de su matrimonio con Pedro Carrasco, Rocío contrajo matrimonio con el diestro José Ortega Cano. Una relación que, si en un principio sorprendió a propios y extraños, se ha ido consolidando con el tiempo.

# 4

# Cristóbal Toral

Cristóbal Toral nació el 15 de abril de 1940 en un pequeño pueblo de la provincia de Cádiz, Torre-Alháquime. En aquel confín gaditano, su padre, que era carbonero, trabajaba en los encinares. A los pocos días de vida sus padres le llevaron a Antequera, donde fue bautizado y donde viviría la mayor parte de su infancia y adolescencia. En su carné de identidad, Antequera figura como la localidad de su nacimiento, pero los vecinos de Torre-Alháquime han descubierto, por los archivos, su verdadera cuna y le han dedicado la calle más importante del pueblo. Sin embargo, los de Antequera se lo disputan, y le han tributado también una plaza. Desde entonces, «por deferencia y cortesía» con las dos localidades, lleva consigo este doble origen, que aclara cuidadosamente en sus biografías. «En definitiva, soy andaluz», concluye.

Los primeros años de la vida de Cristóbal Toral fueron de gran penuria. Uno de sus primeros recuerdos infantiles es traumático: la separación de sus padres, Antonio y Ángeles, cuando él tenía apenas tres años. Antonio, natural de un pueblecito de Granada, había enviudado de su primera mujer y tenía de ella dos hijos.

Ángeles era malagueña, de un pueblo cercano a Antequera. Tuvieron dos hijos, y el hermano de Cristóbal, Paco, al producirse la separación se fue con su madre, puesto que apenas tenía un año de edad. Cristóbal se quedó con su padre, que frisaba ya los cincuenta años. Nunca más volverá a tener relación con su madre.

En el momento de la separación, Antonio, con Cristóbal, se afincó en Antequera, en los terrenos de un cortijo llamado «Las Lomas»; allí, como siempre, trabajaba todo el día en los encinares. El padre se convirtió para Cristóbal en el exponente de todos los vínculos afectivos: el padre, la madre, el hermano, el amigo... Cristóbal se crió con esa única compañía, sin amigos de juegos, sin otro contacto humano, en pleno campo. En esa soledad aprendió a imitar a los animales que veía, para distraerse y remedar algo parecido al juego. Trasteaba con los chivos, con los perros, se emboscaba como ellos en los matojos... El padre tuvo que advertirle que no hiciera eso porque algún cazador podía confundirlo con un zorro u otra alimaña y pegarle un tiro. Sus recuerdos de aquella época son intensos: «Vivíamos en una choza, dormíamos bajo ramas, sobre unos sacos de paja, y nuestra almohada era la pelliza, la única prenda de abrigo de la época. Yo hacía de cocinero y lavaba mi ropa y la de mi padre. Nos sentábamos sobre unas piedras planas... Un día mi padre fue a Antequera y se le ocurrió comprar unas sillas bajas de enea; aquello nos proporcionó una comodidad extraordinaria, era un lujo desacostumbrado... La primera noche no queríamos ni acostarnos para no dejar ni siquiera un momento aquel disfrute insólito. Muchas veces he hablado de esto a los chavales, a la gente joven, que no aprecia lo que tiene. Porque para apreciar verdaderamente lo que vale poder estar sentado en una silla tiene que haberse tenido que sentar uno muchas veces en una piedra dura...»

En aquel ambiente semisalvaje, lleno de privaciones, aprendió a dibujar antes que a leer. Su padre le compraba lápices y libretas, que él emborronaba dibujando lo que veía: animales, paisajes, grupos de cazadores... Aprendió las primeras letras y las primeras cuentas de algunos maestros ambulantes de escasas luces. Cayó en sus manos una enciclopedia, y pronto descubrió la pasión de la lectura. Pero los profesores tenían tan escasa ciencia que ni siquiera les alcanzaba para enseñar a dividir. Y Cristóbal quería aprender a hacerlo por una razón bien prosaica: su padre tenía que dar al señorito el 30 por ciento del carbón que fabricaba con sus propias manos, y de vez en cuando llegaba el encargado del señorito a llevar su parte; y el niño quería saber cómo hacía aquel hombre la división... porque, a mala idea, se ponía de espaldas cada vez que, cuadernillo en mano, echaba las cuentas. Finalmente, aprendió a dividir.

La de la pintura fue una vocación extraña, que surgió súbita e intensamente de su interior sin otra referencia. Nada le había estimulado a dibujar, no había visto ni siquiera un cuadro cuando brotó aquella pasión, cuando empezó a sentir la necesidad imperiosa de la pintura. Con aquella pulsión fue creciendo, convencido de que él no acabaría trabajando miserablemente en el campo como su padre. Aquel hombre, inculto pero inteligente, le animaba a sacudirse el yugo de la tierra, quizá abrumado por su limitadísimo horizonte personal.

La influencia de aquella peculiar adolescencia y primera juventud (Toral estuvo en aquel ambiente hasta los dieciocho o diecinueve años) ha dejado fuerte huella en el pintor: «Fui creciendo con aquella visión purísima de la naturaleza, con la compañía de aquel firmamento estrellado de noche; me gustaba muchísimo vagabundear por los rastrojos, tras el atardecer, bajo el cielo pletórico. Porque en el campo se ve el firmamento con otra profundidad, con otras dimensiones; en la ruralía casi se palpa la inmensidad cósmica, recortada por la nitidez del horizonte y por la silueta sobrecogedora de las montañas, la sierra de Torcal que tenía enfrente. Todo aquello fue para mí como un bachiller virgiliano, de vivencia directa con la naturaleza. Y esa visión cósmica ha repercutido muy directamente en mi obra. Y ha tenido que ver con otros hechos aparentemente no relacionados con aquella experiencia: así, la emoción que me embargó cuando los astronautas llegaron a la Luna, cuando Hermida describió la aventura, una aventura que de algún modo yo ya había experimentado. Porque siempre he tenido la sensación de que no son las estrellas las que están lejos de nosotros, sino nosotros de las estrellas, lo que nos marca el desafío de romper la distancia, de conseguir la cercanía con respecto a ellas... De tanto en cuanto, gozaba subiéndome a la cima de una montaña. La primera vez que quise ir a una cumbre que se divisaba desde casa, que parecía cercana, al alcance de la mano, el viaje me resultó interminable y regresé tardísimo, cuando mi padre estaba ya convencido de que algo me tenía que haber ocurrido... Las distancias son siempre engañosas. Aunque yo regresé después muchas veces a aquella montaña.»

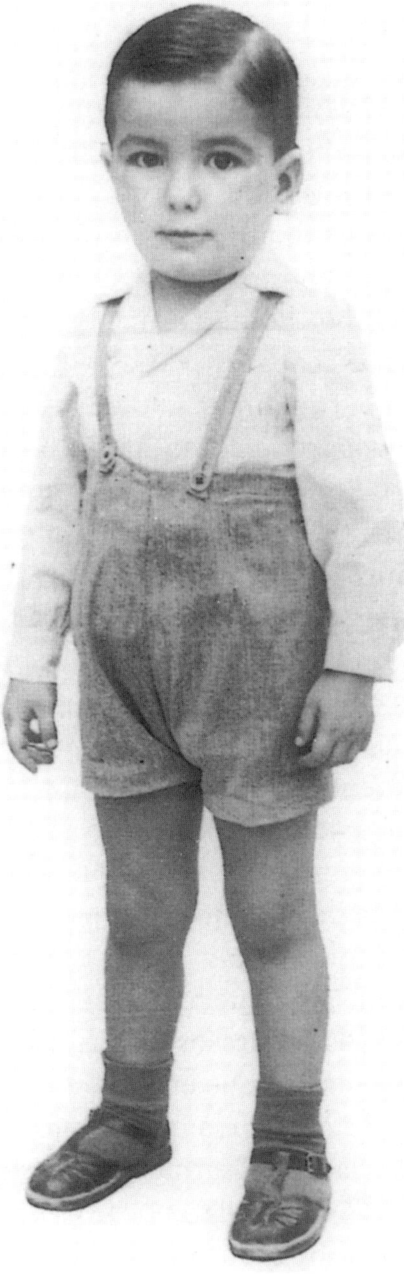

A los pocos días de nacer, el 15 de abril de 1940, los padres de Cristóbal Toral se trasladaron a vivir a Antequera, donde fue tomada esta foto cinco años después. Las penurias económicas de la familia fueron la causa —si no la única sí la más importante— de la separación de sus progenitores.

Recuerda Cristóbal que durante una temporada hubo por aquel contorno algunos maquis, que habían amenazado al señorito del cortijo. La Guardia Civil les obligó entonces a su padre y a él a regresar al cortijo a dormir, todos los obreros juntos en el pajar, hacinados como bestias. Hubo choques armados entre los maquis y los guardias, que acabaron varias veces en tragedia. A Cristóbal se le ocurrió pintar uno de los tiroteos, después de escuchar el relato de cómo había sucedido y de ir a ver el escenario. Por casualidad pasaron por su choza algunos cazadores (la única compañía humana que, muy esporádicamente, les llegaba al padre y al hijo, y que les servía de motivo de conversación durante semanas en aquella cotidianidad monótona y sin embargo rica) y vieron algunos de los dibujos desperdigados por el suelo. Se quedaron mirándolos y preguntaron quién era el autor; su padre, orgulloso, señaló al hijo, y uno de ellos alabó aquel trabajo rudimentario y dijo que era una lástima que el chico no siguiese esta vocación. También la Guardia Civil vio aquellos dibujos, y el padre, azorado, tuvo que recurrir al tópico de las «cosas de chiquillos».

Volvieron por allí aquellos cazadores y siguieron interesándose por los progresos de Cristóbal en el dibujo. Informaron al padre de que en Antequera había una escuela de Artes y Oficios en la que su hijo podría aprender a pintar. Había clases nocturnas para los chicos que trabajaban de día. Por aquella época, Cristóbal ya era un peón más del cortijo: ayudaba a su padre, hacía las faenas que le encomendaba, pastoreaba el ganado, hacía la siega en verano... El padre le compró una bicicleta para que pudiera ir a las clases a Antequera. En este momento, Cristóbal tenía dieciocho años, y empezó a atisbar una salida en el horizonte.

«El primer día que aparecí por allí —relata Cristóbal— no sé la pinta que tendría, pero sí recuerdo perfectamente la impresión que causé: debía de tener aspecto de campesino semisalvaje, con albarcas, con blusa... quedaron todos atónitos. Pero no me amilané: empiezo a dibujar y enseguida pregunto quién es el que mejor dibuja allí. Me dicen que un tal Pedro, un fuera de serie que sólo aparece a final de curso, hace un dibujo y se lleva el premio. Me pasé meses ardiendo en deseos de conocer al tal Pedro, que, en efecto, no comparecía por las clases. Por fin, a final de curso, aparece Pedro y arma el consiguiente revuelo. Sin embargo, ese año no se llevó Pedro el premio: me lo dieron a mí. Y, además, recibí otro premio provincial de Málaga. Mi profesor (don Emilio del Moral se llamaba) quedó pronto impresionado por mi aprovechamiento, por cómo había empezado a pintar, y comenzó a divulgar mis dotes para tratar de encarrilarme. Habló de mí en Antequera con García Verdoy y con los Muñoz Rojas. García Verdoy era el gran cacique local, director de la Caja de Ahorros, propietario de muchas fincas y de la azucarera. Los Muñoz Rojas eran también señoritos, pero con un sello intelectual; de hecho, José Antonio Muñoz Rojas fue Premio Nacional de Literatura y un gran poeta; todavía vive, y trabajó mucho tiempo en el Banco Urquijo. Del Moral estaba empeñado en que yo consiguiera una beca para ir a estudiar a Sevilla.»

Un día, mientras Cristóbal está todavía en su choza, junto a su padre, el lechero (un personaje polivalente que desempeñaba con frecuencia funciones de correveidile en aquella arcaica España rural) le dice que García Verdoy quiere verle, que vaya al barbero a pelarse y se vista lo mejor posible para ir a su presencia. «Don José era un hombre tremendo —recuerda el pintor—, el típico cacique andaluz por antonomasia. Cuando llegaba a la Caja de Ahorros, todos los empleados temblaban, e incluso siempre había alguien de guardia para verlo acercarse, advertir el talante que traía y avisar de ello a los demás. Yo voy a verle a la Caja, lo espero en la puerta y ese día, quizá por el aire solano, se muestra particularmente agresivo (ya estaba, decían, medio loco, pero el calor le había agravado la enfermedad). Me ve y me pregunta: "¿Tú qué haces aquí?" Aterrorizado, logro balbucir: "Nada." "Pues si no has venido a nada, ¿qué haces aquí?", repite, y sale corriendo hacia la escalera. Yo me quedo clavado en el sitio. Su secretario, Antonio Ríos, llega a tiempo y dice: "Éste es el que ha recomendado Emilio del Moral, el profesor." "¡Que suba!", grita desde lo alto. Habla conmigo cuatro palabras y concluye: "Ya sé que quieres dibujar. Bueno, pues ya hablaremos." Yo me puse entonces a trabajar en Antequera, en una orujera de los Muñoz Rojas, para poder ir por las noches al Instituto a estudiar el bachiller. Y un día me llama el yerno de García Verdoy, don Francisco López Estrada, decano de la Facultad de Filosofía y Letras de Sevilla. Este paso era definitivo, porque la Caja consultaba todos los asuntos culturales con el señorito Paco, que es como le llamaban.»

La entrevista con el «señorito Paco» fue turbulenta. Toral la cuenta con ironía y gracejo: «El señorito Paco era un hombre muy cursi, con una sabiduría de cartón que exhibía agresivamente. Me recibe en la biblioteca. "Quiere usted estudiar Bellas Artes, ¿no es así?", me pregunta. "Sí, señor." El suegro estaba delante. "Pues vamos a subir a ver las pinturas de don José Jiménez" (don José Jiménez era un pintor antequerano). Se planta delante de un retrato enorme de un fraile y me pregunta: "Vamos a ver, ¿qué cree usted que es lo mejor de este retrato?" Yo no esperaba aquella pregunta formulada de sopetón e improvisé: "La mano." Y se hundió el mundo. "Hombre, ¿cómo dice usted esa barbaridad? ¿Cómo se le ha podido ocurrir esa barbaridad? ¿No ve que la importancia de ese retrato está en este ojo nada más?" Salió precipitadamente, bajó nervioso la escalera, y yo detrás de él. Abajo esperaba sentado don José García Verdoy y se entabló entre los dos, delante de mí, una discusión muy desagradable. El señorito Paco sostenía que yo no podía estudiar Bellas Artes en la Escuela Superior de Sevilla porque aquel centro era una facultad de nivel universitario y yo no tenía formación suficiente. Tímidamente, metí yo baza en la conversación para decirles que mientras estuviera trabajando de sol a sol en la orujera tampoco tendría tiempo para prepararme. Ya lo veía todo perdido cuando García Verdoy, inesperadamente, tuvo una intuición y reaccionó maravillosamente. Se enfrenta con su yerno, con quien supuestamente es el no va más de la cultura, y dice con gran violencia: "A mí de este chico me han hablado muy bien y no hay más que hablar: se va a Sevilla." Y dirigiéndose a mí: "Así que mañana vienes y hablas con don Antonio Río" (éste era el secretario de la Caja). Y así lo hago. Don Antonio, un hombre muy simpático, me da dinero y me saca el billete para Sevilla.

»Pero el señorito Paco se tomó su venganza —sigue explicando Toral—: primero, me jugó la faena de recomendar a la Caja que, para que no le costase muy caro mi alojamiento, me hospedara en el Hospicio Provincial de Sevilla, en la calle de San Luis número 27. Los tres años que pasé allí fueron los más duros de mi vida. Después, en la carta de recomendación que me dio para el director de la Escuela de Bellas Artes, el muy bellaco decía que me hiciera un examen severísimo, para comprobar si yo era efectivamente merecedor de la beca que me había dado la Caja de Ahorros. Y, efectivamente, en el examen de ingreso me pusieron un ejercicio sobre el *San Jerónimo* de Torrellano, que es un San Jerónimo con muchas costillas, con muchos huesos, en una composición en diagonal, de rodillas, con una gran distancia desde la cruz hasta el dedo gordo del pie. En la Escuela de Artes y Oficios había dibujado fragmentos de ese cuadro, una oreja, la nariz, pero no la figura entera. Fui consciente de lo que me estaba jugando e hice un dibujo extraordinario, con un trabajo de color importante. Los compañeros se quedaron impresionados y el director escribió una carta al señorito Paco en la que decía que la Caja de Ahorros, en lugar de una beca, me podía haber dado tranquilamente dos. Aquella carta fue mi salvación.»

Los recuerdos del hospicio son siniestros. Cristóbal quiere rehuirlos, pero no puede evitar la mención de algunos retazos. Pasaba un hambre atroz porque, acostumbrado a la comida sencilla y sobria pero muy sana del campo, con su padre, no logró acostumbrarse al rancho cuartelero, «una auténtica bazofia», que allí le daban. Hasta tal punto que, con el escaso dinero que le enviaba su padre, compraba cuando podía una peseta de manteca roja que comía con pan para ahogar el hambre insoportable. Las destartaladas habitaciones comunes, con doscientos chicos pelados al rape, eran escenario de interminables discusiones de fútbol (siempre los sevillistas contra los béticos) que no cesaban hasta el toque de silencio. Las letrinas repugnantes, la rigidez de la norma impuesta por las monjas (le descubrieron leyendo a Ortega y estuvieron a punto de expulsarlo de allí por eso), las interminables misas cantadas a las que era obligatorio acudir... son recuerdos ominosos y grises. Pero él, consciente de que cualquier fallo podía costarle la retirada de la beca, hizo un esfuerzo sobrehumano: «Saqué sobresaliente y matrícula de honor en todo... Incluso en religión, cuyo profesor era un sacerdote mayor y cargado de manías que no había dado una matrícula de honor en su vida, entre otras cosas porque los alumnos no se tomaban en serio su asignatura... A mí me dio la primera matrícula de honor.»

Acabados los tres años en Sevilla con el número uno y, ya con cierta confianza en sí mismo, se plantea trasladar la matrícula a Madrid. Convence a su mentor, García Verdoy —para quien sólo tiene palabras de elogio— de lo importante que es para un artista ir a Madrid, la capital, a ver horizontes menos provincianos. Consigue su propósito: se matricula en la Escuela de San Fernando y se busca una pensión. Una anécdota que refiere Toral da idea del afecto que ya le profesa García Verdoy: «Una vez que encontré la pensión, hermosa y con mucha luz, García Verdoy no se queda tranquilo y dice que quiere verla. En efecto, viene a Madrid con su esposa, doña Tecla, una señora muy culta, y ambos van a supervisar la que habría de ser mi residencia. El dueño de la pensión tenía tres hijas muy guapas, y a García Verdoy no le pareció nada bien aquello: "Tú aquí no te quedas, porque las chicas son muy guapas y a ti te van a liar. O sea, que búscate otra pensión.» Finalmente, después de mucho buscar (no era fácil que aceptaran todos los bártulos de pintor) encontró una adecuada en la calle Príncipe, cerca del Teatro Español, la Pensión Internacional: allí dispuso de una gran habitación con luz y un balcón a la calle. A la dueña de la pensión le gustaba el olor a pintura; ello facilitó las cosas, y en aquel hospedaje permaneció hasta que acabó los estudios.

En 1964 acabó la carrera con un expediente brillantísimo, sin precedentes en la historia de las Bellas Artes: en todas las asignaturas sacó sobresaliente, en la mitad con matrícula de honor y en la tercera parte con el premio del Estado. Por supuesto, fue el número uno de su promoción y obtuvo el Premio Nacional de fin de carrera. Pero ya al concluir sus estudios fue consciente de las dificultades que habría de afrontar para abrirse un lugar en el restringido mundo del arte: era una satisfacción haber sido un gran alumno, pero lo de ser pintor era cosa muy distinta. Para ello había que crear un mundo propio, forjarse un estilo, hacer algo distinto. Toral se quedó en la escuela de Bellas Artes como profesor adjunto durante tres años, con una beca del Ministerio de Educación, pero pronto se dio cuenta de que ésta no era su vocación, de que la docencia no le llenaba. Y dejó el empleo, con el riesgo que eso suponía: pocos pintores vivían de su arte en aquellos años, en 1966 o 1967.

Se instala en un estudio en la calle de Embajadores —que todavía conserva— y empieza a buscar su mundo particular en la pintura. «Me doy cuenta —explica— de que me interesa especialmente el concepto del espacio; probablemente lo he ido acuñando durante mi larga vivencia en el campo, en aquellas noches de contemplar el firmamento. Y empiezo a ser yo como pintor. Por aquel entonces me interesa mucho Marc Chagall, un pintor ruso, judío, nacionalizado francés, que tiene un gran sentido de la ingravidez; me entusiasma científicamente que en Cabo Cañaveral se esté preparando el hombre para subir a la Luna... Todas estas cosas me embriagan y exaltan, hasta el punto de que yo llego a vestirme de astronauta, entre otras razones, debo reconocerlo, para llamar la atención, porque no vendía un solo cuadro ni se hablaba de mí... En aquella época, los pintores conocidos, famosos, eran Tàpies, Ortega Muñoz, Benjamín Palencia y pocos más. Llegué a la conclusión de que era necesario adquirir notoriedad por cualquier medio...»

Toral se viste efectivamente de astronauta, se pasea por Madrid de esta guisa, convoca a la prensa, habla de pintura cósmica, asegura que el arte y la ciencia tienen que ir de la mano y que, de la misma manera que hay un desafío tecnológico, el de llevar el hombre a la Luna, tiene que haber asimismo una pintura cósmica. Él es el «pintor cósmico» que descubre la ingravidez. Acude a un programa de televisión y se parangona con Newton: si éste descubrió la ley de la gravedad, él sería el descubridor de las leyes de la ingravidez, porque «una manzana en el espacio no se cae, aunque se le hubiera caído a Newton. Y, además, la Tierra está flotando y tampoco se cae. Empiezo a teorizar sobre el espacio —explica— y concluyo en que todo flota, por más que sea ahora cuando nos damos cuenta de ello gracias a que los astronautas nos mandan las fotografías de la Tierra, tan diminuta en el horizonte. Y empiezo a crear una teoría sobre el "cosmicismo", sobre el espacio, sobre los viajes».

De su vida campestre le viene a Toral su sentido de la independencia, su gusto por la soledad y el aislamiento. La sola compañía del padre en la infancia, la experiencia del hospicio, han marcado su carácter y su vida. Por eso, seguramente, el pintor permanece siempre ajeno a las corrientes de su época. Se crea el grupo El Paso y aparecen varios movimientos de vanguardia, pero Toral se mantiene al margen. «En lugar de acercarme estéticamente a estos movimientos, lo que hago es observar la realidad, emocionarme con ella. Creo que ésta es la mejor forma de ser original: mirar al entorno en lugar de mirar lo que hacen otros. Así se evita el mimetismo en el sentido más superficial. Siempre me he separado de cualquier tentación mimética y me he interesado por el entorno. Más que por El Paso, me sentía subyugado por el hecho de que subiera el hombre a la Luna.» Toral, en las polémicas de la época sobre si era o no razonable invertir tan ingentes cantidades de recursos en la aventura espacial, se convirtió en un acérrimo partidario de ella. Puesto que el hombre ya no podía descubrir América, tenía que dar rienda suelta a su instinto natural de descubrir, de avanzar, de progresar.

Hasta los dieciocho años, Cristóbal y su padre vivieron en esta hondonada perteneciente al cortijo de «Las Lomas», en una choza (situada en el lugar marcado con una X) donde por no haber, no había ni camas ni sillas. El contacto con la naturaleza pura y dura es lo que le indujo a pintar.

Desde que tiene uso de razón, Cristóbal Toral sabe lo que es ganarse el pan nuestro de cada día. A los diecisiete años ayudaba a su padre en las labores del campo. En la foto (de pie, el tercero por la derecha), con un grupo de peones de la cosechadora del cortijo de «Las Lomas».

Sin embargo, y durante bastante tiempo, Toral, que tenía un currículum impresionante (número uno en Bellas Artes, premio extraordinario de fin de curso y de fin de carrera, de la Fundación March, premio del Ministerio de Educación, Medalla de Oro de Segovia...) no lograba abrirse camino. Para sobrevivir, tuvo que pintar unos cuadros muy comerciales, que no firmaba con su propio nombre, sino con el de «Ruiz», y que colocaba vergonzantemente en las tiendas de muebles por doscientas pesetas... Los tenderos no entendían aquella pintura. «Aquellos comienzos fueron muy duros —recuerda el artista—. Empecé a vender muy barato al principio. Venía alguien al estudio a comprar un cuadro y yo no sabía qué precio ponerle. Tenía miedo de desanimar al cliente, cualquier cantidad me parecía excesiva. Y al final siempre le decía lo mismo: déme tres mil pesetas... Y luego le regalaba un dibujo para que se quedara contento.»

En 1968, la Fundación March le concedió una beca para realizar estudios sobre ilustración y pintura en España. Un año más tarde, la misma Fundación le otorgó una segunda beca para viajar a los Estados Unidos, al poco de llegar el hombre a la Luna. En Nueva York conoció a Jesús Hermida (quien había puesto voz en España al alunizaje) y al malogrado Cirilo Rodríguez.

Los comienzos en aquella ciudad no fueron fáciles. Empezó visitando las principales galerías, y allí estaba Picasso, junto a los grandes del siglo. Era difícil no desanimarse y no regresar precipitadamente a España... Se encuentra, en fin, con una competencia feroz, y advierte que incluso los grandes pintores españoles (Ortega Muñoz, Benjamín Palencia) acaban exponiendo en la Casa de España. Él se niega: no ha ido hasta allí para recluirse en aquella sucursal de su propio país. Tras dar muchas vueltas y llamar a muchas puertas, consigue exponer en una de las grandes galerías neoyorquinas, la Staempfli, donde, junto a Magritte y a otros consagrados internacionalmente, hay también algunos artistas españoles: Antonio López, Claudio Bravo, el escultor catalán Corberó... Y aquello le abre las puertas del éxito en la ciudad de los rascacielos. Los coleccionistas estadounidenses empiezan a comprarle sus obras. Son los años 1970, 1971, 1972... Le dan el Premio Blanco y Negro, que lo consagra también en España, y empieza a paladear el éxito y la prosperidad. En el sentido artístico y también en el económico.

Su obsesión por el entonces recientísimo viaje del hombre a la Luna lo lleva a intentar conocer a uno de los astronautas que han realizado la proeza. Jaime Argüelles, entonces embajador de España, le organiza un almuerzo con Michael Collins, el astronauta que se quedó girando alrededor de nuestro satélite mientras sus dos compañeros descendían. «Le pregunté cuál había sido su impresión —dice Toral—. Me respondió que, al ver la Luna tan cerca, al alcance de su mano, le sorprendió sobremanera ver a la Tierra tan lejana, como una pequeña bola en el infinito...» Toral se justifica por aquella obsesión recurrente: «Las obsesiones te forjan la personalidad como pintor, son lo que va dando contenido a tu obra, contenido sólido... Porque, aparte de observar la realidad, yo siempre he necesitado apoyarme en referencias. Hoy se han perdido las referencias, y los grandes pintores siempre las han tenido. Para mí es muy importante la observación de la gran pintura: Velázquez, Rembrandt, Leonardo, Goya, Van Gogh... Yo he dicho que Van Gogh es el primer "mártir cósmico"... Por los cielos que pinta, con esas vibraciones, es un "cósmico". Y esas referencias son finalmente las que llenan tu obra, porque, además de plasmar un contenido determinado, lo que tienes que plantearte es hacer tu propia pintura.»

Su independencia profesional, su originalidad, su no alineamiento con las escuelas, las tendencias y las corrientes de su época le han obligado a pagar un precio, le han pasado factura. Pero no renuncia a su sinceridad: «El artista, el intelectual, debe mantenerse en posición independiente para poder criticar, para tener una visión propia de las cosas. Y para ello no debe aprovecharse de ninguna circunstancia. Yo podía haberlo hecho porque poseía suficiente biografía, pero no he caído en la tentación. Y estoy satisfecho de ello. Porque, además, muchos de los oportunistas que se aprovechan de las circunstancias caen al suelo en cuanto sopla un pequeño vendaval.» Se considera a sí mismo inclasificable: «A los críticos también les resulta imposible incluirme en un grupo determinado. No tengo nada que ver ni con el realismo americano que se hacía cuando estuve en Nueva York, ni tampoco con el realismo de la escuela de Madrid, con Antonio López a la cabeza, un grupo que está muy definido. Mi realismo es totalmente distinto, es más poético, libre, espacial, etéreo. En comparación con el americano, éste es más fotográfico; el de la escuela de Madrid es más encorsetado, más académico.»

Trabajó con la Galería Staempfli de Nueva York

hasta 1987. Con una importante galería francesa ha expuesto en toda Europa. También ha estado vinculado con varias galerías alemanas... hasta que ha optado por desprenderse de estos vínculos, que se hacían muy presionantes e insoportables: a veces tenía que preparar varias exposiciones simultáneas. «Ahora —explica— estoy en un momento muy libre en el que pinto lo que quiero, lo que me interesa. Me he centrado en hacer exposiciones de carácter cultural, sobre todo en museos, que es el lugar más atractivo que puede encontrar un artista para exponer. También tengo una exposición itinerante que circula por Iberoamérica... Me he separado bastante del mundo de las exposiciones comerciales. Algunos amigos pintores, muy buenos, han llegado a decaer en su pintura por agradar a las galerías. Es un riesgo que me preocupa. Ahora me interesa exponer en alguna importante galería de los Estados Unidos, volver allá.»

Es un pintor metódico. El hecho de que comenzara a pintar tarde, a los diecinueve años, le obligó a mantener desde el principio un ritmo de trabajo muy fuerte. Además, por el hecho de haber tenido que trabajar tan duramente en las tareas agrícolas, el trabajo intelectual le parecía liviano, «como estar de vacaciones». Cree, como los grandes creadores, que, en la calidad de la obra, «más del noventa por ciento es trabajo, y la inspiración tiene que cogerte junto al caballete...». Tiene una gran capacidad de trabajo y prueba de ello es que, a pesar de ser la suya una obra muy elaborada, de ejecución lenta, es, comparada con la de otros realistas, abundante.

En lo referente a sus temas, piensa que «el artista debe ser un fiel notario de lo que está ocurriendo. Por eso he criticado esas vanguardias huecas, miméticas, que no son nada, que se reducen a pura decoración. Y por eso mismo caen poco después en picado, de modo que van a ser muy pocos los que van a salvarse: no han realizado esa observación de la realidad que nos rodea». Desciende a los ejemplos: «Hay que observar, pongamos por caso, la crueldad del ser humano, esas fotos tremendas del conflicto de Yugoslavia que nos ha mostrado la prensa; el drama ha llegado a obsesionarme, y por eso he pintado un cuadro, que es *La gran avenida*. En el 75 tuve una etapa que llamé "Los emigrantes", un retrato de la España de la época que llevé a la Bienal de Sao Paulo; no pretendí ser panfletario, sino decir las cosas tal como previamente las había sentido. Y por encima de todos los temas, me atrae la visión del hombre en la Luna, que es sin duda el hecho más importante que la humanidad ha realizado en el siglo XX.»

Cristóbal Toral es un hombre que posee un fuerte bagaje vivencial, pletórico de experiencias, cargado de posos reconocibles que ha asimilado con su gran porosidad. Una de las grandes influencias que actúan sobre su obra es Andalucía, y en especial la vivencia migratoria, «porque yo mismo he sido y soy un emigrante. Cuando estaba con mi padre haciendo carbón me llegó la noticia de que en Sevilla, en el arroz, se ganaba mucho dinero, y yo aparecí allí, en las marismas. Éste, el de segar el arroz, es el trabajo más duro que existe, mucho más que hacer carbón. Porque cuando siegas estás en el agua, entre el fango, con unos insectos que te abrasan las piernas, es horroroso lo que escuece. Luego, por las noches, no puedes descansar por los mosquitos. Si te abrigas, te ahogas;

Toral y su padre vivieron solos, sin más compañía que el cielo y las estrellas, y trabajaron codo con codo, lo que hizo que su relación fuera muy estrecha. Esta fotografía fue tomada en 1971, con motivo del cumpleaños del padre, el mejor amigo de Cristóbal, cuando la vida del pintor ya había dado un giro de ciento ochenta grados.

La fortuna y el éxito sonríen a Cristóbal Toral cuando contrae matrimonio con Marisa, con la que aparece en la foto en compañía de sus hijos, en el jardín de su casa de Madrid (1988).

si te destapas, te comen materialmente los mosquitos. A ese trabajo fui como un emigrante, cuando tenía unos dieciocho años. Y era un segador de primera, porque siempre me he planteado el trabajo con responsabilidad. Me llamaban "el doble" porque hacía más trabajo que ningún otro... Los buenos segadores son los que saben hacer llaves; los malos, los que cogen un puñalillo y lo van soltando... Yo era un maestro en eso. Y aquélla era una nueva vivencia del espacio, la interiorización de Andalucía. Podría pensarse que soy un andaluz atípico porque mi manera de vivir en la juventud hubiera sido igual si hubiese nacido, pongamos por caso, en Guadalajara, pero creo que es muy importante el sitio donde uno nace. Y si hubiera nacido en otra parte no pintaría como pinto. Andalucía tiene la luz, la belleza particular del campo, la forma de ser... Aunque yo no respondo al tópico del andaluz indolente; yo soy muy disciplinado. Quizá porque era la única manera de salir adelante».

Cristóbal Toral se casó en 1971 con Marisa Oropesa. Dos años después nace su primer hijo, Cristóbal. En 1976 llega Miguel Ángel. En 1980 hay en la vida del pintor dos hitos importantes: nace su hijo Pablo y muere su mayor admirador, su padre. Dos años más tarde nace su hija María.

En cierto sentido, es escéptico sobre su capacidad de influir en sus hijos. «Les cuento pocas cosas —dice—. Les explico que hay que luchar para abrirse camino en la vida, que hay mucha competencia. Uno está estudiando Derecho, el otro Periodismo, y la chica el bachillerato. Trato de hacerles ver que lo más valioso que tenemos es el tiempo, que no podemos perderlo porque después es imposible recuperarlo... Les digo también que la sobriedad es importante. Y que hay que disfrutar de las cosas, que sólo se aprecian cuando no se tienen. Les pongo el ejemplo de la luz: sólo se advierte su importancia cuando la han cortado... Trato, en fin, de encauzarlos lo mejor posible. Pero no es fácil transmitir la propia experiencia...»

# 5

# Micaela Flores Amaya, «La Chunga»

Los rasgos biográficos fundamentales de la gitana Micaela Flores Amaya parecen extraídos de la más tópica estampa folklórica de la España profunda. Nació en Marsella alrededor de 1939 por la sencilla razón de que los carromatos pasaban por allí cuando su madre dio a luz. Su padre, Paco Flores, era andaluz, y su madre, Joaquina Amaya, era catalana y tía de la bailaora Carmen Amaya. En 1948 la familia se traslada a vivir a Barcelona; allí se alojan en unas chabolas cercanas al castillo de Montjuich, no muy alejadas del Paralelo, en una zona que hoy está ajardinada y forma parte del parque construido en la célebre montaña que domina la ciudad. Pero lo más sorprendente de la Chunga es que no conoce con precisión el día de su nacimiento; ni siquiera el año es seguro, «porque siempre que le preguntaba a mi padre cuándo había nacido, me decía que por la vendimia, pero no sabía exactamente de qué año. Un dato que a cualquier otro traería de cabeza pero que a mí no. No me importa nada, yo soy una persona que no se emperra... Como toda mi vida ha sido muy rápida, nunca me he dado cuenta, ni ahora tampoco, de los años que tengo».

Eran ocho hermanos, seis de ellos varones. El padre, vivo aún (la madre falleció), se dedicó toda su vida a arreglar paraguas y pucheros; después, hasta hace poco, a vender relojes. La madre iba con los niños pequeños a los caseríos, a pedir. El padre vive hoy en Barcelona, en una casa que La Chunga compró para su familia.

Antes de cumplir los diez años, la niña empezó a bailar en la barcelonesa calle de Escudillers, el corazón del barrio chino, por los innumerables bares en los que se concentraba la prostitución. Las *lumis* (prostitutas adultas) y las *lumiascas* (textualmente, putillas) formaron su entorno infantil habitual. Una prima hermana suya cantaba mientras ella bailaba, y luego pedían la voluntad a la concurrencia. Comenzaron a llamarla *chungalí*, fea en caló (de ahí le viene el nombre artístico). «Oye, sacábamos un montón», dice con ingenuidad. Naturalmente, les hicieron toda clase de propuestas. «Y hacíamos una cosa horrible —explica—: íbamos juntas dos o tres niñas mocitas, y siempre había alguien que se enamoraba de una de nosotras. Y le decíamos: "Usted le da el dinero a mi hermana, o a mi prima, y vaya usted delante que yo voy detrás." Y cuando menos lo esperaba escapábamos todas corriendo.» Su memoria no rechaza sin embargo aquellos años de dura supervivencia: «Pasé hambre, frío... pero, de verdad, fue una época preciosa.»

De aquellos años es uno de los recuerdos más estereotipados de que puede alardear un gitano: un encontronazo con la Guardia Civil. La detuvieron los guardias en la misma calle Escudillers y la enviaron a Misions, un centro de acogida donde quedaban retenidos los niños vagabundos algunas semanas... Su memoria de aquel episodio es prosaica: «Allí me lavaron la ropa, y cuando me faltaba un día para salir, mi padre me fue a recoger y llevaba una barra de pan en el bolsillo. Yo, en vez de abalanzarme sobre mi padre, fui directamente a la barra de pan, del hambre que había pasado en aquel lugar...»

En Barcelona se dedicaba también a posar para pintores; así conoce al pintor Francisco Rebes, que le presta ayuda desde el primer momento, la introduce en el mundo del arte y la presenta como modelo. Consciente de las magníficas posibilidades de aquella espontánea forma de bailar —siempre descalza—, le consigue un contrato para El Corral de la Morería, pero la niña no tiene edad suficiente, las estrictas reglas de la época le impiden trabajar. Sus padres pagan a un cura para que le falsifique «los papeles», y con esta documentación apócrifa da comienzo su carrera artística. En Madrid reside en casa de una tía suya, La Faraona («Nosotros la llamábamos "La Paina"»), que estuvo muchísimos años bailando con Carmen Amaya y vivía en Hilarión Eslava, 24. Sus padres permiten la aventura porque va a vivir con una persona de confianza. Por aquel entonces, Francisco Rebes («Yo le llamaba "Pinto", porque pintaba», dice La Chunga) y sus amigos le enseñan cómo coger un tenedor y un cuchillo, las primeras reglas de urbanidad... Gracias al pintor sabe hoy leer un poco: «Él cogía los periódicos y me empezaba a leer las letras»...

Sumida todavía en su universo infantil, recuerda poco de aquella época. «En Madrid no hacía otra cosa que bailar. Bailar por las noches y dormir de día... Así estuve mucho tiempo. Yo formaba parte del cuadro de El Corral de la Morería y tenía un número propio, en plan de figura. Siempre bailaba descalza, como lo hago ahora. Fue idea de Francisco Rebes, porque él me recordaba cuando iba por los bares de Escudillers. Entonces iba descalza porque en realidad no tenía zapatos que ponerme... En El Corral me pagaban quinientas pesetas y con ese dinero hacía un montón de cosas. Creo que lo primero que me compré fueron precisamente unos zapatos, en Montjuich yo no tenía nada. Y mandaba dinero a mi familia. Y aún les sigo mandando...»

Por aquella época conoció personalmente a Carmen Amaya: «Yo era ya mayor. Yo ya tenía nombre», dice con un punto de orgullo. La madre de Carmen y su madre eran hermanas, de manera que La Chunga y Carmen eran primas hermanas. La admiró desde siempre, aunque no intentó imitarla: «Nunca quise ser como ella, no. Ella ha sido un fenómeno fuera de serie. Nadie podía llegar a su altura. Era como un crío, no tenía pechos ni culo, era un niño pequeño, no tenía nada.»

En El Corral de la Morería estuvo varios años, no sabe precisar cuántos. Su noción de la cronología es difusa y deslizante, como si hubiera vivido gran parte de su vida en un mundo irreal, o sólo real en parte. Hasta que llegó un productor de Hollywood, la vio bailar, apreció su personalidad y la contrató para una película con «Malonne» —que es como La Chunga pronuncia el apellido de Ralf Vallone— y Robert Taylor. Se marchó a California en compañía de otro gitano, Ramón, ya fallecido, y de su mentor, el pintor Francisco Rebes. Manolo del Rey, el dueño de El Corral de la Morería, la dejó ir con la condición de que le prometiera que a su regreso a España volvería a su tablao.

Sus recuerdos de Hollywood son como pinceladas de uno de sus cuadros naïf: «En Hollywood me llevaban y me traían en coche... Vivía en un *bungalow* con una señora de color que me hacía la habitación... Y yo salía de mi *bungalow* y tenía una piscina con una palmera, ¡ay qué locura! Es una imagen que se me ha quedado grabada en la memoria. También recuerdo el apio de aquel lugar; me quedé loca al verlo, pero, claro, tenía un sabor distinto del de aquí...»

Su relato de la aventura cinematográfica es una sucesión de claroscuros pintorescos, narrados con una gran ingenuidad: «Robert Taylor hacía el papel de un señor que se acaba de separar y está muy triste. Y entonces llega su mujer para ver si se puede arreglar de nuevo, y él dice: "Ahora va a salir La Chunga", y yo hago como si estuviera enamorada de él y le bailo. Para que la mujer no tenga celos, hay allí otro señor que hace como si fuera mi marido... Fue de miedo, porque querían que le diera un beso a mi marido en la película y yo, de besos, nada. Ellos se llevaban las manos a la cabeza, decían que cómo podía ser, que estaba perdiendo una oportunidad, y no le di el beso... Se portaron muy bien conmigo, divinamente. Robert Taylor, de vez en cuando, me traía un café.»

Uno de sus recuerdos más penetrantes de aquel viaje es el que le dejó Glenn Ford, y que sólo adquiere sus verdaderos perfiles en su propio relato: «Cuando me dijeron que iría a Hollywood aquí estaba muy de moda una película en la que trabajaba Glenn Ford, y cuando hablé con el productor que me contrató, en lugar de acordar con él cuánto me pagaría, lo primero que le pregunté es si iba a ver a Johnny, que era el nombre del personaje de Glenn. El productor no lo entendió y me dijo: "¿Quién es Johnny?" Tuvieron que explicarle que Johnny era Glenn Ford, y me prometió que nada más pisar Hollywood me llevaría a un plató para que lo conociera. Cuando me lo presentaron estaba haciendo una película de ésas de Tahití, y él estaba disfrazado de soldado americano de aviación... ¡Ay, qué guapo! ¡Ay, qué guapo! Me lo presentaron y estuve media hora con la boca abierta.»

Pero la aventura americana acabó pronto: «Me propusieron hacer otra película, pero con la condición de que hubiera cama y besos, y de eso yo, nada. Aunque yo no tenía a nadie, pero de la manera que yo soy, dije que no.»

Cuando llegó la hora de regresar, frustrada por propia voluntad la carrera de La Chunga en Hollywood, Francisco Rebes y el gitano que los acompañaba, Ramón, pensaron que debían viajar a Nueva York. Sabían que estaba allí Carmen Amaya con su compañía y decidieron tratar de encontrarla. Ello les permitiría demorar un poco más la vuelta. De otro modo, si retornaban inmediatamente después de un viaje tan breve, todos dirían que aquella aventura americana había sido un fracaso. Con el dinero de la película pagaron los pasajes, y nada más llegar al Barrio Latino de Nueva York dieron de bruces con los gitanos de la compañía de Carmen. La artista vivía en un *aparthotel* y fueron a su encuentro. «Carmen se volvió loca conmigo al verme. En su cuarto había dos camitas, para ella y para su marido, y a su marido lo echó al salón y yo dormí con ella. Le pedimos que

Micaela «La Chunga» es un caso curioso. No sabe ni el día en que nació. Gitana de pura cepa, su madre la parió en Marsella, pero nunca supo ni el día, ni el mes, ni el año en que ocurrió tal cosa.

Los primeros años de vida de Micaela fueron los típicos de los trashumantes: vivía de la caridad, del pillaje y de bailar en las calles de la Ciudad Condal para recoger unas monedas que después entregaba a sus padres.

nos buscase algo, así estuve algún tiempo en el Chateau Madrid que era un tablao al que iba mucha gente con dinero, una gente divina...» Los recuerdos que conserva La Chunga de Nueva York son heterogéneos y pintorescos: «Me daba mucha rabia que la gente no fuese a su casa a comer al mediodía porque perdía tiempo y lo hiciera en cafeterías... Recuerdo también el día de la Hispanidad, con las calles llenas de gente y Carmen y yo vestidas de noche en medio de aquellos rascacielos tan altos...»

Cuando acabó el contrato en el Chateau Madrid, Francisco Rebes, «Pinto», dijo que todavía era pronto para regresar a Madrid, venciendo incluso la resistencia de ella. «Yo estaba muy triste porque echaba de menos a mis padres, a mis hermanos... En realidad es que era una cría.» Y pidieron de nuevo ayuda a Carmen Amaya para que les buscase trabajo en Puerto Rico o en México. Carmen llamó a El Patio, en México, una sala de fiestas famosa en la que han actuado artistas españoles muy importantes, como Raphael, y la respuesta fue afirmativa. Ahí permaneció La Chunga un año y medio, cosechando un gran éxito con una compañía formada por exiliados españoles, «gente refugiada porque no había hecho la mili y cosas así». La vieron tan joven que la propietaria del local, la señora Miranda, la llevó a vivir a su casa, donde alojaba a unos sobrinos de su edad.

Desde México, La Chunga regresó a España, y se instaló en Barcelona. «Tengo fotos de cuando mis padres vinieron a recogerme al aeropuerto. Por aquella época yo ya no dormía en las barracas de Montjuich. Francisco Rebes me había buscado una casa de una señora donde viví realquilada con una prima hermana mía, la Pepa.»

En Barcelona entroncó de nuevo con su raíces. De aquella época recuerda la comida que preparaba su madre, «siempre la escudilla catalana, una olla que hacía con fideos, patatas, coles y pollo. De vez en cuando me traía a mí carne de caballo para que tuviera mucha fuerza para bailar...». La madre la adoraba: «Siempre me llamaba "mi Chunga".»

Y regresó, como había prometido, a Madrid, a El Corral de la Morería, que seguía siendo el centro de la vida nocturna madrileña de la gente adinerada. Allí acudían todos los no muy numerosos artistas extranjeros que pasaban por Madrid. Un día apareció Ava Gardner, que empezó a frecuentar el tablao y manifestó gran admiración por La Chunga. «Un día, una periodista famosa decidió celebrar su cumpleaños en París, en Maxim's; cada invitado le llevaba un regalo y Ava Gardner decidió llevarle mi baile. Allí lucí mi primer traje de Pedro Rodríguez, que tenía la tienda cerca de Correos... Era un traje blanco, estrecho, de satén, que llevaba un volante y una capa de locura. Me acuerdo de aquella fiesta como si fuera ayer. La gente, toda muy importante, toda sentada por el suelo... Me sentí muy famosa e importante. Creo que fue la primera vez que pensé que había triunfado.»

Después bailó en medio mundo: en Buenos Aires, en Puerto Rico, en toda América... En España alcanzó la cumbre. Bailó para Franco. «Me cayó divinamente —afirma—; en cambio, su mujer, como una patada en la barriga.» Cuando vino la Begum a Madrid, las fuerzas vivas de la época hicieron una fiesta para ella y llamaron a La Chunga para que bailara con sus gitanos. «Ella estaba con un sari precioso, de seda natural. Después de bailar me dieron un ramo de flores, que yo creía que era para la invitada de honor. Fui a entregárselo y ella, sonriente, me dijo: "No, no, es para ti." Pasé mucha vergüenza...»

En toda esa época no mantuvo ninguna relación especial, ningún noviazgo. «Era muy difícil llegar a mí —explica—. Yo tenía a mi alrededor a un secretario, Alberto Oliveras, y a Francisco Rebes, y no podía ir a ningún sitio.» Tal era el aislamiento de La Chunga que ni siquiera sabía cuánto ganaba, no veía el dinero. «Todo lo que gané, voló. Yo era una cría. Veía que me llevaban de acá para allá, que me compraban vestidos, zapatos... y con eso me conformaba. ¡Y como mis padres tampoco me exigían cuentas...! Una vez le dije a Pinto: "Creo que nos están engañando." Entonces él comenzó a indagar y confirmó que sí, que nos estaban engañando. Él era también un artista, un bohemio, muy buena persona... No voy a decir los nombres de las personas que me decepcionaron, porque ¿para qué?... Hasta en los discos que hice algunos desaprensivos pusieron su nombre para cobrar ellos los derechos.»

La explotación y el abuso de confianza fueron sistemáticos por parte de quienes la rodearon artísticamente (y quizá también en el ámbito de lo personal): «Una vez lloré muchísimo porque quise comprarles una tierra a mis padres y, a la hora de la verdad, no tenía dinero... Sé que me disgusté mucho, me puse a patalear, no recuerdo cómo acabó aquello... Años más tarde pude cumplir ese deseo. Hice una gira por todos los pueblos de Barcelona y al fin pude comprarles una propiedad a mis padres, que es donde viven ahora. La casa que había en la finca no les gustó. La pintaron ellos: por dentro, en azul, con lunares negros.»

Manifiesta veneración por sus progenitores: «Han sido unos padres de verdad. Nunca me han pedido cinco céntimos. No me han querido por el interés. Ahora me doy cuenta de que, cuando era yo muy jovencilla, lo más lógico es que me hubieran preguntado: "¿Cuánto has ganado? Esto para ti y esto para nosotros." Nunca lo hicieron.»

En los años sesenta, La Chunga era una de las figuras más relevantes del *establishment* cultural, una parte del paisaje folklórico de exportación. Por esa época conoció a Picasso en Francia. La llevó Luis Miguel Dominguín, que toreaba en la localidad donde vivía el pintor. Se vieron en un bar. Hay fotografías del encuentro, en las que se ve a La Chunga bailando mientras Luis Miguel y Picasso tocan palmas. Luis Miguel le llevó un jamón al artista malagueño y La Chunga un dibujo. Ella todavía recuerda que el pintor admiró su dibujo y le dijo que «cómo podía ser que una gitanilla que no había tenido estudios pudiera sacar aquellos colores».

La relación de La Chunga con la pintura venía desde la adolescencia, y también de la mano de Francisco Rebes. Sobre los quince años, cuando todavía vivía en Montjuich, empezó a contratarse de modelo por quince pesetas la hora. Así conoció a Rebes, «Pinto», como ella lo llama. Un día, en su estudio, mientras él estaba ausente, ella se aburría y tomó sus pinceles. Rebes se entusiasmó y la animó a seguir. Su obra fue bien recibida por la crítica y por la alta sociedad de su entorno. En 1964 presentó su primera exposición en París, que fue un éxito completo: vendió todos sus cuadros. Desde entonces expone en las principales capitales españolas y en muchas del extranjero. Naturalmente autodidacta, se encuadra a sí misma en el estilo naïf porque «así me lo han dicho artistas como Picasso, Dalí o Miró». Dibuja paisajes y gitanillas, con su propio rostro o con el de su hija. No dibuja hombres porque, reconoce, le salen «con cara de marica». El mundo del arte la recibe con simpatía; es más un fenómeno social que un hecho artístico, pero lo cierto es que consigue abrirse un mercado sustancioso.

Ella también posó una vez para un pintor alemán llamado Bertolt, que vive en Palma de Mallorca y que retrató a varios famosos españoles (además de ella misma, la duquesa de Alba, Camilo José Cela, algún torero, etc.) para una exposición en Nueva York. Después, cuando el pintor regresó a España, regaló a cada modelo su cuadro...

En su larga vida profesional ha conocido y ha venerado a muchos artistas. Reconoce una gran admiración por Anthony Perkins, a quien no conoció. Ha sido amiga de Gina Lollobrigida, Sofía Loren, Marcello Mastroianni, Ralf Vallone... De Picasso le quedaron grabados sus ojos penetrantes, profundos. También recuerda la larga barba blanca de León Felipe, a quien conoció en México, ya muy anciano, y que le pareció un dios. Otros poetas a quienes ha conocido son Blas de Otero y Alberti (que le hizo un magníficopoema).

Se siente profundamente gitana. No es orgullo racial, sino una filosofía de la vida, una pertenencia sagrada con la que se identifica plenamente: «Muy en el fondo de mí, soy gitana y estoy muy orgullosa de serlo. No lo niego. Mis andares, mi hablar, mi estar, son gitanos...» Reconoce sin embargo que «está en la ley de los payos»: la ley de los payos consiste «en que vivo en una casa, tengo una cama, una cocina en la que puedo hacer la comida, voy a la compra con mi dinero... Antes no tenía nada de eso. Antes, si queríamos hacernos una olla cuando íbamos con los carros, teníamos que ir a robar patatas, a coger judías, y en una casquería comprábamos un poco de rancio y nos hacíamos nuestra olla... La ley de los payos es vivir como ellos, cómodamente.» Pero la adaptación no es completa: «Aunque estoy en la ley de los payos, sigo pensando un poco a la antigua... Sí, soy muy antigua. Ahora, la gente se conoce tomando una copa y ya se va a la cama... Yo no soy así. Aunque me guste mucho una persona, yo no puedo ir con ella hasta que no me conquiste. Soy así y no puedo cambiar ni me puedo negar a mí misma. En mi casa, éstas eran las reglas que se seguían.»

Sus nostalgias son ambivalentes. No añora especialmente sus orígenes porque eran de necesidad y privación. Rememora sin embargo con agrado sus tiempos de Montjuich «porque allí yo tenía a mi madre». Mitifica su infancia: «Cuando era muy niña, me tenía que ir de mi casa porque allí no había ni café con leche, ni pan para mojar, ni nada de nada, pero aquella vida era divina, preciosa... Mis padres estaban felices conmigo y me adoraban. Por lo menos mi madre.» Recuerda sus sueños de adolescencia, cuando viajó por primera vez a Madrid: «Yo no tenía ni zapatos, ni ropa, ni nada, y me hacía ilusión tener, sobre todo, zapatos. Aún me dura ese sueño.» También mantiene vivos algunos rasgos de su cultura gitana: «La familia sobre todo, comer todos juntos, ver a los niños cerca... Cuando voy a Barcelona vivo en casa de mi hermano Chilele y de mi cuñada. Los adoro. Duermo allí, con ellos. Y vamos a comer a casa de mi padre. Allí nos reunimos todos: sobrinos, nietos, todos... Somos muchos, he perdido la cuenta de cuántos somos. Y siempre hay un plato para todo el mundo.»

Nunca ha hablado catalán, aunque lo entiende un poco. Sus padres tampoco le enseñaron el caló, aunque sabe algunas expresiones sueltas: «*endiñélame* un *clajo*» (dame un cigarro), «ese *lacló* me *perquivela*» (ese payo me gusta); el agua se llama *pañí*, el pan, *tató*...

Su familia no le inculcó prácticas religiosas, aunque el padre —y también la madre mientras vivió—, cada vez que veía a uno de sus hijos, le decía: «Que la Virgen del Carmen vaya contigo.» Sin embargo, ella sí tiene sentimientos religiosos: «Rezo todas las noches y tengo la rosa de Jericó conmigo. Le he puesto el nombre de mi madre y todas las mañanas le rezo tres padrenuestros y tres avemarías. Y cada vez que me voy a dormir rezo también: pido a mi madre, a Dios, a la Virgen y al Niño de los Remedios.» Cuando estuvo casada, y como la familia del que fue su marido era muy católica, se acostumbró a llevar a sus hijos a misa los domingos «para que luego no me dijeran, el día de mañana, que yo no los llevaba a misa, aunque no tenía realmente esa costumbre. Pero luego veía que mi marido nunca me acompañaba, y a mí me daba mucha pena porque todos los matrimonios iban juntos a misa, y luego a tomar el aperitivo... Yo podía haber ido con mis hijos a tomar el aperitivo, porque tenía dinero, pero no estaba conmigo la persona a quien

El éxito le llegó pronto a Micaela, que aparece en la foto junto a su madre (la primera por la derecha) en el aeropuerto, de vuelta de su primer viaje a América, adonde fue con el pintor Francisco Rebes, su descubridor. Una vida de claros y oscuros la de esta gitana genial.

Lo primero que dijo Picasso al ver la pintura de La Chunga fue: «No sé cómo a esta gitanilla, sin tener escuela, le pueden salir estos colores tan maravillosos.»

quería. Y un día me dije: "pues no les llevo más". Y no los llevé».

En contra del tópico de «la folklórica con el torero», nunca tuvo pretendientes procedentes del ámbito taurino. «Siempre he tenido muchas amistades fuera del mundo del flamenco. Tampoco me hubiera gustado casarme con un cantaor o con un flamenco... A mí no me va.» Su ideal de hombre no tiene que ver con el físico: querría que fuese «bueno de corazón, porque la guapura con el tiempo se va. Y lo que queda es como es por dentro. Lo que pasa es que siempre me equivoco... Ésta es una cosa que siempre me ha pasado a mí: que me engañan». Se sabe a sí misma «inocente más que buena, porque luego me doy cuenta de lo que pasa y digo: hasta aquí hemos llegado».

En El Corral de la Morería conoció a quien sería más tarde su marido, José Luis Gonzalvo, director de cine, recientemente fallecido. Se lo presentó Manolo, el dueño del tablao. José Luis se enamoró a primera vista. La Chunga, no. Sus recuerdos del acercamiento, del afianzamiento de la relación, no son demasiado vívidos. «Iba todas las noches a verme, pero no se sentaba en una mesa, se quedaba en la barra, cerca de donde yo tenía que pasar. Recuerdo sobre todo la etapa de El Corral de la Morería con él. Pero no sé cómo fue después... Creo que me preguntó si quería ser su novia. Yo le dije que sí. Desde entonces, a la salida del trabajo, yo me iba con Pinto al hotel y él nos seguía con una moto, y en el hotel se despedía hasta el día siguiente.»

Visiblemente, La Chunga desconfía de las personas, debido a que muchas se han aprovechado de ella, de su candidez, de su incultura. Hubo en su vida mucha gente que corrió tras ella, que bebió sus vientos... «pero como yo voy con el corazón en la mano, pienso que todo el mundo es bueno, como en el chiste. No me doy cuenta de cuándo alguien me va a hacer daño... Aunque he aprendido algo, ahora me doy más cuenta...».

La Chunga se casó por la Iglesia un día a las ocho de la mañana, «con dos amigos del novio como testigos y sin traje de novia, con un vestido chaqueta de Pedro Rodríguez y una mantilla de mi ex suegra, que ella utilizaba para ir a misa y que me regaló».

No se recata lo más mínimo de decir que se arrepiente de haberse casado. Aunque no de los hijos —dos varones y una mujer— que ha tenido «porque han sido, y son, maravillosos: son lo más grande». Los adora, pero, deseosa de borrar una cierta etapa de su vida, no quiere acordarse siquiera de haberlos parido. Nacieron en la clínica de Asís, cerca de su casa actual, y tienen treinta y cuatro años uno de los varones, treinta y tres el otro, y veinticuatro la chica. El recuerdo del que fue su compañero es agrio: «Lo que más pena me da en la vida es encontrar personas tan malas, tan egoístas, y es triste no conocerlas cuando todavía hay tiempo de impedir que te hagan daño. Yo he estado con personas de las que no me he dado cuenta de lo malas que son hasta que me han sacado los hígados... Me da pena.»

A los hijos también los educó «en payo». Fueron a buenos colegios, tenían servicio... Todavía conserva una asistenta, Mari Ángeles, que fue la que le crió a la niña.

Contempla la vida, quizá como todos los gitanos, con un cierto fatalismo. Es consciente de que su propia incultura, su falta de formación, está en el origen de su infortunio, del hecho paradójico de que, después de haber vivido como una reina, luego de haber ganado mucho dinero, hoy no tenga nada y ni siquiera pueda alcanzar la ilusión de comprarse una casita en el campo para plantar una huerta. Ya de mayor, trabajando de bailaora, nunca ha sentido interés en estudiar; «ya era muy tarde», afirma conformada. Y tampoco, la verdad sea dicha, ha sentido complejo alguno por no saber apenas leer ni escribir. «Mi ex marido —relata con candor—, cuando estábamos juntos, me decía: «No la toquéis más, que así es la rosa» (la frase es de un señor importante). Y sin embargo, cuando me separé me llamaba analfabeta, ya se había estropeado todo...»

La Chunga es dada a atribuir el mal al destino: «Cuando Dios no me puso en el camino de estudiar, pues por algo será... En cambio, me ha dado otras cosas de las que, gracias a Él, estoy viviendo...» Aunque después recapacita y reconoce que «a lo mejor, si me hubieran enseñado correctamente las cosas, no me hubieran engañado en la vida como me han engañado... O quizá era necesario que me engañaran para llegar a donde he llegado». Su filosofía vital es, a veces, exasperante.

# 6

# José Miguel Arroyo,«Joselito»

José Miguel Arroyo Delgado nació en Madrid el 1 de mayo de 1969. Sus padres se separaron cuando él tenía tres años. De este matrimonio, además de José Miguel, nacieron otros dos hijos: la primogénita, Maribel, y Roberto, año y medio menor que José Miguel.

Vio la primera luz en la maternidad de la calle Montesa, esquina a Don Ramón de la Cruz, en pleno barrio de Salamanca, en Madrid; se le ha llamado «Joselito, el de la calle Montesa», como si se le quisieran atribuir orígenes aristocráticos, pero en realidad vivió hasta los tres años en Alcorcón, una de las ciudades-dormitorio que rodean Madrid.

El padre de José Miguel, conductor de profesión, hacía un poco de todo. Llevó escolares al colegio en una furgoneta, condujo un taxi alquilado, se compró una camioneta para hacer repartos, intentó montar una pequeña empresa de mudanzas... y regresó al taxi. Cuando se separó de su mujer, el padre se quedó con José Miguel, la hermana se fue a vivir con los abuelos y el otro hermano, Roberto, fue acogido por unos vecinos «de la que es mi madre, de la que me parió», dice José Miguel con desdén mal contenido.

De la ruptura familiar, que sin duda fue traumática para el niño, no guarda demasiados recuerdos. Según dice, porque era muy pequeño y «por todos los acontecimientos que vinieron después, he intentado olvidarlo y sí que se me ha olvidado un poco. En realidad, en ese momento no me di cuenta de la trascendencia que iba a tener en mi vida, quizá porque inmediatamente después de romper con mi madre mi padre se fue a vivir con Pepita. Con ella tuve mucho trato, la veía más que a mi padre y nos llevábamos bien...»

Consumada la separación, padre e hijo se fueron a vivir a la calle Azcona, a una buhardilla: «De esa época tengo muchos recuerdos... En la buhardilla no había baño. Yo me bañaba en la cocina, en una de aquellas pilas grandes de alabastro. El retrete estaba fuera de la casa, en el pasillo. La buhardilla era muy pequeña, tanto que si me incorporaba en la cama me daba con la cabeza en el techo. Yo dormía en el salón y mi padre en la única habitación que tenía la casa... De allí nos fuimos a vivir a la calle Cartagena, a un piso de cuarenta y dos metros cuadrados. Nos parecía un palacio.»

Es en ese momento cuando el padre de José Miguel decide unir su vida a la de Pepita, su compañera hasta la muerte, y testigo excepcional de la infancia de uno de los toreros más interesantes que ha dado la Fiesta en los últimos años.

De su infancia le queda al diestro madrileño un punto de amargura en la mirada, que no oculta: «Siempre he sido muy sincero y sigo siéndolo. Pienso que con la verdad se puede ir a todos los sitios. A veces es una torpeza decir lo que piensas porque te metes en unos líos tremendos, pero merece la pena. Yo he hecho las cosas como las sentía en cada momento. Precisamente en esa época de mi infancia a la que me estoy refiriendo yo sí tenía problemas familiares, y de identidad. Y a esa edad no estaba preparado para digerirlos. Porque si el problema era grande, yo lo veía más grande aún. Pensaba que era el ser más desgraciado del mundo y que todo me tenía que ocurrir a mí, y como era rebelde no me callaba nada, porque si lo hacía me sentía mal, se me agarraba un dolor en el estómago y me ponía fatal... Al final tengo que decir lo que pienso, y si meto la pata y tengo que pedir disculpas, las pido, y en paz.»

Es lógico que sus recuerdos de infancia estén ligados a su padre. «El primer recuerdo que tengo —dice— es el de un trolebús que se paseaba por todo Madrid. Junto a una barandilla estábamos mi padre y yo. No sé adónde íbamos ni de dónde veníamos. Ni por qué se me grabó en mí este recuerdo. Tendría dos o tres años.»

Padre e hijo padecieron relativas apreturas económicas, pero no auténtica estrechez. «Vivíamos normalmente. Yo tenía lo que por entonces podía tener cualquier chaval de mi edad. Nunca me faltaron ni un pantalón ni unas zapatillas. Los tiempos han cambiado y ahora veo que mis hermanos compran a sus hijos cinco o seis pares de zapatos cada año, mientras a mí, antaño, un par podía durarme año y medio... Se vivía de otro modo. La gente tenía menos necesidades.» Discurrió por su infancia con cierta inocencia: «Era muy feliz. Ahora, de mayor, me doy cuenta de muchas cosas que en aquel momento no veía o no quería ver... Prefería pensar que todo era maravilloso.»

De muy pequeño, ya supo José Miguel lo que era el trabajo. Cuando tenía ocho o nueve años le encantaban las máquinas tragaperras; su padre le daba algún dinero, pero no era bastante para entretener toda la tarde. Entonces le decía al dueño del bar que si le dejaba un rato con las máquinas le fregaba la vajilla. Dicho y hecho. Después, su padre y su compañera arrendaron una panadería cercana al restaurante donde ella trabajaba. Cuando su padre se puso enfermo, él tuvo que ponerse al frente del establecimiento: a las siete de la mañana abría la panadería, y luego se iba al restaurante a limpiar para que a ella no la despidieran. Después, sobre las cinco de la tarde, iba a la Escuela de Tauromaquia. Desde los ocho años tenía en el bolsillo la llave de su casa para entrar y salir cuando quisiera. Porque «era muy responsable —asegura—; mi padre me hizo así».

Cuando José Miguel tenía doce años murió su padre. Enfermo del estómago, estuvo rodando por los hospitales durante más de un año. Le operaron y se resistió a hacer el régimen estricto que le impusieron. Murió por esa indisciplina. Aunque José Miguel había tenido tiempo de hacerse a la idea, el choque fue brutal. Un día fue al colegio como siempre y, al regresar al mediodía, le extrañó no ver a su padre. Marchó a la Escuela Taurina por la tarde y cuando volvió tampoco estaba. No apareció en toda la noche, y a la mañana siguiente se enteró José Miguel de que lo habían llevado al hospital. Fue a verle, y cuando regresó a casa llegaron unas tías suyas que le anunciaron la visita de su hermana. Su relato es patético: «Pensé que era muy raro que viniera mi hermana después de tanto tiempo. A los dos días murió mi padre. Yo conocí a mi hermana dos días antes de la muerte de mi padre, porque desde los tres años no la había vuelto a ver. Conservaba una imagen vaga de ella, sacada de alguna foto que me había enseñado mi padre, pero nunca la hubiera reconocido por la calle... Así ocurrió la muerte de mi padre. Fue tremendo. Recuerdo que al volver a casa no me hacía a la idea. Me repetía "va a venir, va a venir"... No quise verle muerto, deseé conservar la imagen de mi padre vivo, aunque fuera la imagen cadavérica de cuando estaba en el hospital...»

Mantuvo la primera relación con los toros por medio de su padre, que era muy aficionado a la Fiesta. Cuando tenía cuatro o cinco años lo llevaba a Las Ventas, a las novilladas de promoción, y él se ponía a jugar a las chapas en la grada. Le gustaba que el toro saltase al callejón, que tirara al caballo, que cogiera al torero... El niño se aburría soberanamente y no entendía aquello. Hasta que un día le dijo a su padre: «Déjame de toros, cómprame un equipo del Real Madrid o una bicicleta y no me hagas ir más a la plaza.» Así lo hizo el padre, y el niño empezó a jugar al fútbol, como sus amigos, como los chicos de su edad, precisamente en el aparcamiento de la plaza de toros. Allí veía a los toreros y le entró el gusanillo. Hasta que le pidió a su padre volver a las corridas, y una vez que había sido él quien tomó la decisión, aquello le gustó. Tanto, que un día le dijo a su progenitor que quería ser torero, y el hombre lo llevó a la Escuela de Tauromaquia. Condescendió con la vocación de su hijo.

Tras la muerte del padre, siguió viviendo un par de años con Pepita, la compañera de aquél. Con su familia mantuvo muy escasa relación. Su hermana se había casado en León y visitaba a José Miguel de tarde en tarde; tenía su propia familia. De su madre no sabría hasta años después, cuando ya era un torero famoso.

La afición a los toros le fue apartando de los estudios, y la muerte del padre estuvo a punto de torcerlo. «En preescolar, en primero y en segundo saqué matrícula de honor —explica—; en tercero, sobresaliente; en cuarto, notable; en quinto, aprobado; en sexto suspendí tres asignaturas; en séptimo y en octavo las suspendí todas... Fue faltar mi padre y ponerme como loco. Me daba igual todo. Era un pasota, medio *heavy*, medio *hippy*, medio macarrilla...»

Con los curas no tuvo suerte, y ello le ha dejado un poso de ingenuo y poco beligerante anticlericalismo que se advierte bien cuando habla. Son varias las anécdotas que muestran la insensibilidad del clero (al menos, del clero de la época, hace no tanto tiempo) y que dejaron huella en la memoria su infancia, de su pubertad y de su adolescencia. La primera es la de su primera comunión, fallida: «Cuando me llega la edad, me imparten la catequesis para prepararme para la primera comunión. Un día, cuando se acerca la fecha, me dice el sacerdote: "Diles a tus padres que vengan a hablar conmigo para ultimar los detalles de la comunión." Le transmití el recado a mi padre, pero a la hora en que el cura recibía visitas mi padre tenía que trabajar. Se lo expliqué al cura, y él insistió en que tenía que ir a verle precisamente a esa hora. Volví a decírselo a mi padre y la respuesta fue la misma. Fueron varias las idas y venidas, hasta que, al fin, me indignó la tozudez del sacerdote y exploté: "¿Sabe lo que le digo? Que mi padre no vendrá ni a esa hora ni a ninguna otra. Que estoy harto de paseos para acá y paseos para allá. Que encima de que no tengo gana ninguna de hacer la comunión, me marean ustedes con requisitos. Pues no hago la primera comunión. Y punto. Éste fue el primer encontronazo, pero no el último. A los diez años entré en la Escuela Taurina y, en el colegio, a partir del sexto curso de EGB había que elegir entre ética y religión. Yo elegí ética, que era a la última hora de la tarde, y como no era muy obligatoria (faltaba mucha gente), podía así salir antes del colegio y llegar a tiempo a la Escuela Taurina. Eso tendría consecuencias después.»

El segundo encontronazo, ciertamente más grave, fue con ocasión de la muerte de su padre: «En aquel momento estábamos sin un duro la compañera de mi padre y yo. Ella trabajaba, pero cobraba un sueldo mísero, y el cura sabía perfectamente cuál era nuestra situación. Sin embargo, la mujer quiso que oficiaran una misa por el alma de mi padre; yo no sé ni para qué sirven estas misas... En fin: le encargamos la misa y yo pasé un mal rato, porque sabía que a toda aquella gente no le importaba mi padre en absoluto... Y me repugnaba que me dieran el pésame, que me acompañaran en el sentimiento, decían, si el verdadero sentimiento, el auténtico dolor, era el que yo sentía. Terminada la misa, la mujer le dio un sobre al cura. "¿Qué le has dado?", pregunté yo. "Cinco mil pesetas", me respondió. Me indigné. "Este tío es un sinvergüenza —pensé para mis adentros—. ¿Cómo puede coger ese dinero sabiendo que no tenemos ni para comer? Era un hombre sin escrúpulos.»

Todavía tropezaría una vez más con el clero. Fue cuando, tras acabar el octavo de la llamada Enseñanza General Básica, hubo de matricularse de BUP (Bachillerato Unificado Polivalente, en la jerga de la época). El que fue su padre adoptivo, Enrique, de quien se hablará después largamente, le instaba para que se matriculara en un instituto, pero él se mostró remiso y aplazó la búsqueda hasta septiembre, cuando ya pensaba que sería imposible encontrar sitio. Llegó septiembre y, efectivamente, los institutos estaban llenos, pero a través de la recomendación de un conocido y de las presiones de Enrique pareció que el colegio de los Salesianos estaba dispuesto a admitirle. «Llego a entrevistarme con el director —explica Joselito—. Me dice que sí, que me aceptan. Mira el libro de escolaridad y ve que en los últimos cursos las calificaciones no han sido precisamente brillantes. Le cuento la causa, la muerte de mi padre, la situación de necesidad y desamparo en que me encuentro... Más o menos lo entiende y me dice que regrese al día siguiente a hacer la matrícula. El curso ha de comenzar unas dos semanas después. Vuelvo al otro día y cuál no sería mi sorpresa cuando me dice que no me puedo matricular. Le pregunto el porqué y me dice que han estado revisando el libro de escolaridad y en los dos últimos años me he matriculado en ética y no en religión. Le explico la causa, que no era otra que una cuestión de horario, la necesidad de llegar a tiempo a la Escuela de Tauromaquia. El hombre, cerrado en banda, no se avino a razones y no me admitió. En parte por la irritación que me causó esta actitud, en parte por las pocas ganas que yo tenía, dejé los estudios... Estas experiencias han sido amargas. No dudo de que habrá curas que sean buenas personas, pero yo he tenido mala suerte.»

Tampoco comparte la religiosidad supersticiosa de muchos de sus compañeros en el mundo del toreo. «Como no llevo imágenes a las corridas, me han considerado ateo —explica—. Y no es una cuestión de ser ateo: soy creyente a mi manera. No voy a misa para que me vea la gente. Además, ¿por qué no puedo entrar en una iglesia a las tres de la mañana? Las iglesias tienen horarios, como las tiendas. Y si quiero rezar a otras horas, ¿no está permitido? Por eso no voy a misa, porque rezar, puedo rezar en cualquier parte, montado a caballo o en un coche...»

En la Escuela de Tauromaquia, José Miguel conoce a la persona que será decisiva en su vida: el director del centro, Enrique Martín Arranz. Cuando muere el padre del muchacho, Enrique se hará cargo de él. «Cuando mi padre enfermó, empecé a faltar sistemáticamente al colegio —explica José Miguel—, sobre todo por las tardes, aprovechando que la compañera de mi padre trabajaba fuera, en el restaurante. Muchos días, cuando no iba a clase por la tarde, llegaba muy temprano a la Escuela; a veces iba incluso andando desde casa, en la calle Cartagena, hasta la Casa de Campo, para ahorrarme las quince pesetas que valía el metro y comprarme después cualquier capricho o ir al cine los sábados. A veces me colaba en el metro... Al fin, Enrique se dio cuenta de aquello, de que yo no podía estar yendo con normalidad al colegio. Hizo averiguaciones y alguien le comentó que mi padre estaba enfermo. Habló conmigo y me invitó a comer un día a su casa. Le expliqué lo que me ocurría. Yo encontré en él un apoyo muy grande. Me arrimaba mucho a él. Al principio, le tenía mucho respeto y un poco de miedo, porque es un hombre muy serio y me imponía, pero también me atraía mucho. Iba con él a los toros y no cruzábamos palabra, pero no me separaba de él... parecía un perrillo faldero. Me lo recuerda a veces Adela, mi madre (así la llamo): les hacía mucha gracia mi actitud acobardada. Al poco tiempo de frecuentar su casa ya me empezó a llevar a la finca, junto con el "Fundi" y el "Bote". Mi padre se murió un mes de marzo, y en junio ya empecé a torear con bastante frecuencia; y poco tiempo después me fui a vivir a casa de Enrique. Acababa de cumplir catorce años. A los dieciséis fui yo quien les planteé la adopción, después de haber tenido varios problemas de papeleo. Me convertí en su hijo legal.»

Enrique ha sido una persona decisiva en la vida del diestro. Recuerda José Miguel que cuando su padre se estaba muriendo, Enrique le fue a ver, y cuando aquél le preguntó qué sería de su hijo, le dio seguridades: «No se preocupe usted. Aunque no le garantizo que su hijo será torero, porque eso es muy difícil, voy a hacer todo lo posible para que siga toreando. Pero de lo que puede estar seguro es de que voy a intentar que su chico se haga todo un hombre.» «Y es lo que Enrique me ha enseñado siempre —dice Joselito—, a caminar recto. Él deja que me equivoque, es muy inteligente, sabe que para dominar a los seres humanos hay que tener algo de psicología. Por mi forma de ser, sabía que si trataba de imponerme algo no lo conseguiría. Por eso me ha dado siempre la libertad de equivocarme, para adquirir más experiencia y asimilar la verdad de la vida.»

Foto: Contifoto

Foto: Cordon Press

José Miguel Arroyo, «Joselito», tiene una filosofía de la vida: «Yo me administro mi hambre y mi miedo.» Acostumbrado a vivir cara a cara con la adversidad, sabe que lo único que le diferencia de la mayoría es ser consecuente consigo mismo.

La afición taurina salvó a José Miguel Arroyo de los peligros de la marginalidad en que vivió, de la temprana orfandad en la que hubo de desenvolverse. Su niñez fue dura, pero no le reprocha nada a la vida: «Mi infancia fue breve pero intensa. He tenido muchos amigos, casi todos perdidos ya porque la mayoría tuvo muchos problemas con la droga. El barrio de Ventas no era propiamente marginal, pero estaba al borde de la marginalidad, y en aquel ambiente había de todo: los chicos de mi edad se emborrachaban, fumaban porros, experimentaban con el pegamento... Yo tuve suerte y no caí en todo aquello. Cuando hacíamos novillos, mis amigos experimentaban todo aquello mientras yo iba a la Escuela Taurina. Algunos de ellos han muerto, otros están en la cárcel, otros se casaron y en su mayoría se separaron luego... No sé si los toros fueron realmente mi salvación. Yo era un chico responsable y quizá hubiera sido de todos modos un superviviente, pero también me atraía el peligro. En aquella época yo iba con melena, chupa de cuero, pantalones ajustados, rotos y llenos de parches, unas zapatillas Johnny Smith de esas blancas... Estaba hecho un verdadero macarra. Pero tenía cierta personalidad. Me gustaba estar en clase con todos los macarrillas, confraternizar con ellos, pero a la hora de la verdad ellos se iban a fumar porros y yo *pasaba*, ellos decidían ir a cualquier parte y yo iba a lo mío. Claro, que yo tenía la ilusión de ser torero...»

En el descubrimiento de su vocación hubo —reconoce— un primer destello mágico. Si cuando su padre lo llevaba a la plaza de muy niño se aburría soberanamente, un día, en cierto momento, descubrió un rayo de belleza en un gesto del torero. No recuerda si fue una verónica, un natural, no sabe... Y de aquel reflejo iniciático, de aquella revelación, le viene el deseo irreprimible de ser torero. Después, ya en la Escuela de Tauromaquia, descubrirá que, además, se puede conseguir dinero, salir de pobre, si se triunfa. Aquel descubrimiento le suscita un ataque de rebeldía contra su propia situación marginal. «Acababan unas vacaciones de verano —explica—, poco después de que yo entrara por primera vez en la Escuela Taurina. Mis amiguetes, que sabían que no tenía un duro, empezaron a alardear de sus vacaciones y de lo bien que se lo habían pasado. Todos decían haber estado en sitios exóticos disfrutando de lo lindo. Yo apenas había podido ir de vez en cuando a la piscina de El Lago pagando, y la mayoría de las veces colándome, cuando no me pillaban en plena faena y me ponían de patitas en la calle. A mí las vacaciones de mis amigos me sentaban tan mal que un día les dije: «No os preocupéis, que en unos pocos años voy a tener un cochazo y una casa grandísima y os vais a enterar... Voy a venir aquí con un coche con chófer y os voy a pasear a todos.»

Un rasgo muy acusado de la personalidad de José Miguel Arroyo es lo mucho que piensa y medita, de ahí que cuando se le pregunta cómo es no dude en contestar: «A veces soy muy benevolente, otras muy crítico, incluso pasota; otras no paso de nada. Soy un poco de todo. Tengo un carácter crítico porque he pensado que no era capaz de hacer bien lo que hago. He sido un poco pesimista en mi forma de concebir la vida, y desde pequeño, cuando iba al colegio o me mandaban a hacer algún recado al mercado, ya me montaba mis propias películas.

Por eso digo que la poca niñez que he tenido ha sido muy intensa, porque yo vivía mucho. Vivía en la calle, y ahí se aprenden muchas cosas...»

José Miguel tomó conciencia de lo que significaba el toreo, de que estaba en el camino del éxito personal y profesional, ya en su época de novillero, incluso antes de convertirse en matador.

El dinero no le ha creado servidumbres. En unas declaraciones a la prensa, José Miguel afirmó que «la independencia consiste en administrarse el hambre y el miedo». El torero se explica: «Cuando llegas a una posición como la mía, la gente te quiere manejar a su antojo. Y yo, que soy capaz de administrar mi miedo, también voy a serlo de administrar mi hambre, y no me voy a vender por cuatro pesetas. Al final, no vas a ser ni más rico ni más pobre; al cabo, seas lo que seas, seas alto o bajo, seas gordo o flaco, acabarás bajo el mismo metro cuadrado de tierra. Por eso he decidido que quiero vivir en armonía conmigo mismo, sólo atento a lo que me dice Enrique, que mira por mi bien. En todo lo demás soy un rebelde, un rebelde por naturaleza y a veces sin causa alguna. No me gusta que me dominen ni he consentido dejarme manipular por la gente.»

El 15 de mayo de 1987 sufre una grave cogida en la Feria de San Isidro de Madrid. El toro le hiere en el cuello y le rompe también la clavícula. Es la primera cogida importante de su carrera, pero no le deja una huella amarga: «Fue un tremendo dolor físico que, sin embargo, me ayudó a encontrarme a mí mismo. Hasta entonces no sabía qué iba a ser de mí, y en el fondo deseaba que aquello llegara. Dicen que los toreros, después de la primera cornada, ya no son como antes; unos cambian, a otros se les va la sangre buena... Por eso, durante la recuperación, pensaba que a lo mejor yo también era débil, que me vendría abajo. Medité mucho en qué haría si, después de tanto esfuerzo, resultaba que no servía para el toreo. Sentí pánico de encontrarme a los veinticinco o treinta años sin saber hacer nada en la vida, inútil como persona y como torero, viviendo de Enrique como un parásito. Todo eran preguntas después de la cornada: "¿Qué ocurrirá?" Estuve así cincuenta días, mientras me recuperaba, sin otra cosa que hacer que pensar y pasear. Entonces vivíamos en Colmenar de Arroyo, al lado de El Escorial. Aquel tiempo de descanso me sirvió de mucho para madurar como torero. Cuando reaparecí, me sentí totalmente satisfecho porque, de un lado, vi que era capaz de hacer lo que hacía antes y, de otro lado, lo hacía incluso mejor porque había madurado, porque empezaba a reconciliarme con mis orígenes.»

Una fecha decisiva en su carrera, en su vida, es la del primero de junio de 1989: cortó las dos orejas a un toro de Atanasio Fernández en la Feria de San Isidro y en un cartel de lujo: Ortega Cano, Espartaco y él. Fue el único matador que salió ese año por la puerta grande de Las Ventas. Pero, paradójicamente, aquella apoteosis le suscita una profunda, aunque afortunadamente efímera, depresión. «Aquel triunfo produjo una controversia en mi interior (en mi vida todo son controversias). Era el triunfador de la Feria, aquello parecía la maravilla de las maravillas. Llegué a casa y me encontré con que todas las empresas estaban llamando, y Enrique no daba abasto para cerrar nuevas corridas. Pensé que era ya como Dios, que no podía llegar más alto... Pero me entró de repente un abatimiento inexplicable. Estaba sin ánimos, sin ilusión. Vi que todo estaba ya hecho, que no podía encontrar más metas, y me derrumbé. Fui a la Feria de Nîmes y no podía; con un toro que no era gran cosa pero que en circunstancias normales hubiera dado de sí para una faena aparente no fui capaz de superar la indolencia. Me ponía delante de él y sabía que no iba a cuajarlo. Al final, cuando cogí la espada, la gente me empezó a pitar y me daba igual matarlo o no. Decidí que no podía seguir así porque, además de hacer el ridículo y de no sentirme a gusto, me estaba destrozando moralmente. Corté la temporada, convencí a Enrique para que volviéramos a casa y suspendiéramos las siguientes corridas. Desde el 5 de junio hasta el 22 de septiembre. Reaparecí en Úbeda y con toros bastante malos hice una buena faena. Había recuperado la ilusión.»

Tras aquel gran triunfo en 1989, no volvió a Madrid en las tres temporadas siguientes. Cuando llega el momento de firmar el contrato para la Feria de San Isidro de 1990, al apoderado del torero le dicen que las buenas corridas ya están apalabradas. Eso es evidentemente un desaire, que Joselito no tolera: «Aquello me hizo mucho daño, pero mi negativa a participar en la feria en aquellas condiciones era la única manera que tenía de hacerme respetar. Aquélla era mi libertad, mi capacidad de administrar mi miedo y mi hambre. Yo no era un empleado del empresario, yo era el artista, y sabía bien que si me encontrase en un momento bajo no tendría más remedio que recoger velas, aunque, también, si estaba en la cumbre tenía que desplegarlas para que el barco navegase.

Madrid es mi tierra, y es mi ilusión torear en Las Ventas, pero las cosas tienen que ser así. Conmigo nadie ha hecho lo que ha querido.»

Tiene ideas claras en cuanto a lo que quiere; es honrado consigo mismo y sus aspiraciones son ilimitadas. «Yo deseaba llegar al máximo —dice—, a ser admirado, respetado y hasta venerado por los toreros.» Su afán de perfección es admirable: «Manzanares me decía: "Con lo que tú te expones una tarde, vivo yo media temporada"; pues muy bien, pero yo tengo que hacerlo como lo siento; si expongo menos, si lo hago de otra forma, a lo mejor corto más orejas y soy más popular, pero me traiciono a mí mismo, y a eso no estoy dispuesto. Algunas veces, después de un supuesto triunfo, con el público totalmente entregado, me subo a la furgoneta maldiciendo, verdaderamente avergonzado de lo que he hecho. Cuando me dan consejos sobre cómo explotar mejor la profesión, siempre respondo igual: "Yo no quiero compararme con los que más ganan o con los que más torean; yo quiero ser espejo de toreros, no quiero ser rico." Y si luego puedes vivir en una gran casa o tener una gran finca, pues mejor que mejor.» Tampoco el juicio del público es para él determinante: «Lo más importante es que toreros mayores que yo, de la categoría de Antonio Ordóñez, el Viti o Camino, que para mí eran como dioses, reconozcan que yo soy bueno. Esto es maravilloso. Esto me recompensa todos los sinsabores y todos los esfuerzos.»

El éxito como matador de toros le ha traído la fortuna: En 1989 adquirió la finca «Los Valles», en Colmenar de Arroyo. Ese mismo año compró unos toros de Carlos Núñez con la intención de dedicarse a la ganadería con el hierro «l», que antes había pertenecido a Luis Miguel Dominguín. En febrero de 1989 debutó como ganadero en una novillada de la feria de Valdemorillo. A comienzos de los noventa compró otra finca, «Prado del Arca», cerca de Talavera de la Reina, a la que siguieron las de «Cahices» y «Los Cotos» en la Baja Extremadura. Sin embargo, la riqueza no le seduce: cuando se le pregunta qué más podría apetecerle que todavía no tenga, responde con ironía casi infantil: «Una chupa de cuero llena de cremalleras. Me gustaría llevar el pelo largo. En invierno, cuando descanso, me dejo greñas», dice con picardía.

Sus gustos no son sofisticados ni particularmente caros. Como él mismo dice, antepone la comodidad al lujo. En los hoteles que tanto ha de frecuentar por su profesión desdeña las *suites* y elige habitaciones interiores, en las que no haya ruido, para poder descansar mejor. «Para mí, vivir bien —dice— es que en mi casa no falte de nada, que mi familia tenga para comer, que dispongamos de cuatro duros para salir, para ir al cine o al teatro o donde nos apetezca, y que tengamos salud. Mi casa es cómoda, y todo en ella es funcional; nada está puesto ahí de exposición: los ceniceros se usan, las alfombras se pisan, todo se vive, en fin.»

En el cuarto de estar de su finca de Talavera están todos los trofeos que ha conseguido en su brillante carrera, jalonada de algunos triunfos singulares. Joselito tomó la alternativa el 5 de abril de 1986 en Málaga, de la mano de Paco Ojeda y Ortega Cano; el 26 de mayo de este mismo año confirmó la alternativa en la Feria de San Isidro de Madrid, con Curro Romero como padrino. Y si en junio de 1989 salió por primera vez por la puerta grande de Las Ventas, el 2 de mayo de 1996 lidió en solitario seis toros en la misma plaza madrileña. Aquella faena antológica es ya considerada como una de las más importantes de toda la historia del toreo. El día de San Isidro de este mismo año volvió a triunfar y a salir a hombros de la plaza. Por eso, la sala de los trofeos tiene un valor especial para Joselito: «Esto es el reflejo de todo lo bueno que me ha ocurrido; aquí está parte de mi vida.» Relata su experiencia con delectación, recreándose: «En esta vitrina está mi capote de paseo, mi vestido de alternativa, el de la confirmación... Tomé la alternativa de grana, con este vestido usado, no estrené traje... No tenía nada entonces, y Enrique me quiso regalar tres vestidos: el blanco, uno de nazareno y otro azul marino. Fui al sastre, a Emilio, con la idea de llevar el traje blanco para la alternativa. Llegué a hacerme la última prueba cinco o seis días antes de la fecha. El traje me iba perfecto y le dije al sastre que me lo llevaba. Enrique había pagado la mitad, pero el sastre exigió que le pagase el resto en el acto, y yo no llevaba dinero. Enrique se había ido a Sevilla a ver los toros para marcarlos y no me había dejado suficiente dinero... El banderillero que me acompañaba, que vivía en mi casa, se ofreció a pagarlo de su bolsillo, y Enrique llamó por teléfono al sastre. No hubo nada que hacer: no me llevaba el traje si yo mismo no pagaba al contado. En definitiva, me puse para la alternativa el traje que más nuevo tenía, uno grana bastante *currado*. Poco después me llamó ese sastre, Emilio, para que recogiera los trajes encargados. Le contesté con un exabrupto. Intenté que otro sastre, Fermín, me hiciera el traje para la confirmación de la alternativa, que era quince días después, pero no le daba tiempo. O sea que tuve que ir a recoger los trajes de Emilio. Entonces quería hacerme una rebaja. Lo mandé a paseo y me llevé los trajes porque no me quedaba más remedio.» El capote de la alternativa, que también está en la vitrina de Joselito, era del malogrado Yiyo; la primera vez que se vistió de luces llevaba este capote.

Joselito, siempre celoso de la administración de su propio miedo, sufrió una tremenda impresión con la muerte del Yiyo. «Cuando murió Paquirri no me di mucha cuenta de lo que había pasado, no me impresionó tanto. Pero el Yiyo era muy amigo mío; tenía sólo veintidós años, habíamos pasado dos años viviendo prácticamente juntos. Había estado con él en julio y murió en agosto... y me enseñó entonces un BMW que se había comprado. Aquello fue tremendo. Fue parecido a lo que sentí cuando murió mi padre: crees que esas cosas no te pueden ocurrir a ti. Pensé que era evidente, que "esas cosas ocurren"... Me dio miedo. Lo sentí durante varias novilladas.» Pero después pasó: no se podría vivir siempre con ese temor exorbitante. «Uno no piensa que pueda pasarle algo malo. Te llegas a curtir de tal forma que la idea no se te cruza por la mente. Algunas veces pienso que soy un loco o un masoquista. O muy valiente, o retrasado mental, no lo sé. Estás ante una corrida y piensas en el éxito, en que todo es maravilloso, en que los aplausos te embriagarán. Pero de repente, a veces, te lo planteas con crudeza: "Es que me coge, me parte por la mitad y esto se ha acabado."»

No se ha planteado aún su retirada, ni sabe cuándo sucederá. «Siempre digo lo mismo: cuando pierda la ilusión, me iré. Y esto puede ocurrir dentro de quince días, tres años, cinco o quince.» Ha pensado con frecuencia en lo que será de él cuando ese día llegue. «Tendré que hacer otro tipo de vida. Habré de reciclarme, de intentar llenar el espacio y el tiempo con otras cosas. Encontraré otras actividades... Me preocupa darme cuenta a tiempo de que tengo que retirarme. Me gustaría ser lo bastante inteligente para comprender un día que he llegado a la cima, al cenit, y que no voy a ir más allá. Y antes de que empiece la decadencia, irme con dignidad, con categoría.»

Se siente orgulloso de haber sido siempre fiel a sí mismo, a sus orígenes. «Yo sé muy bien de dónde vengo y adónde voy. Sé quién soy, cuáles son mis raíces, lo que me ha costado llegar hasta aquí y lo que he tenido que luchar para ello. También el esfuerzo que ha hecho otra gente, sobre todo Enrique. Valoro lo mucho que Enrique ha tenido que aguantarme porque yo era un crío borde, con unos cambios anímicos tremendos, que tan pronto estaba feliz como daba un *rebote* y me subía a la parra. El Fundi y el Bote me llamaban "el loco de la piedra", porque de repente me volvía loco y me encaramaba a una piedra, a un pedestal. Ellos eran felices porque tenían familias normales; yo era más joven que ellos y veía la vida de otra forma. Y me quitaba de en medio, porque tampoco quería amargar la vida a nadie. Me subía, más o menos metafóricamente, a lo alto de un observatorio y me ponía a meditar. De todo ello he sacado la conclusión de que la libertad es lo más importante que tenemos, aunque en realidad seamos siempre poco libres; y cuando la conseguimos realmente, alcanzamos la felicidad. Por eso soy feliz toreando, porque durante estos diez, quince minutos yo soy libre, y nadie me puede coartar porque la capacidad de decisión la tengo yo.»

Hay un aspecto en la vida de Joselito que durante muchos años le marcó a sangre y fuego: la ausencia de la madre durante su infancia y adolescencia (fue ella la que les abandonó) es algo que difícilmente puede llegar a comprender un hijo. Mucho menos si éste se queda huérfano de padre a una edad temprana: «Ése es un problema que resolví muy rápido. Es una mujer con la que no he tenido mucho contacto, y sigo sin tener relación con ella. Después de algunos problemas me dije: mejor estar al margen. Cuando era pequeño no lo entendía porque no tenía edad para comprenderlo, ni experiencia. Ahora la tengo, y me he dado cuenta de que desgraciadamente son muchas las parejas con hijos que se separan, diría que es casi normal... En aquella época no lo era tanto. Con mi hermano sí tengo alguna relación, no mucha, pero nos vemos de vez en cuando; con mi hermana, no...»

Curiosamente, José Miguel Arroyo, no ha eludido nunca hablar en público de sus sentimientos filiales. Una terapia que sin duda le ha ayudado a superar la soledad en que le sumió la muerte de su padre y el abandono de la madre. Quizá por eso los lazos que le unen a Enrique Martín Arranz, el hombre que le acogió en su casa como si fuera un hijo, son más fuertes que los de la propia sangre. En Enrique y su familia ha encontrado Joselito lo que nunca tuvo: cariño, sabor de hogar, y el bálsamo que ha curado todas sus heridas.

# 7

# Fernando Fernández-Tapias

Se ha hablado tanto de Fernando Fernández-Tapias Román que sentía verdadera curiosidad por saber de dónde venía y cómo era. La realidad es que la imagen que de él hemos forjado los medios de comunicación desluce su verdadera personalidad.

Fernando Fernández-Tapias Román nació en Vigo, Pontevedra, el 14 de noviembre de 1938, en plena Guerra Civil, en el seno de una familia numerosa formada por once hermanos. Él era el sexto de la prole y tenía, por tanto, cinco hermanos mayores y cinco menores que él. El grupo familiar, «acomodado», vivía en un chalé de tres pisos con jardín. Aunque sus hermanos siguen residiendo en Vigo, él se ha distanciado del ambiente vigués, donde, según confiesa, ya no sería capaz de residir. Su hermano mayor, consciente de ello, bromea al referirse a él: «Éste no es hijo de papá, es hijo del hojalatero.» Es probablemente por esta distancia mental que le separa de su ambiente de procedencia, de su ciudad originaria, por lo que recuerda muy poco de su infancia. Tan sólo la primera comunión, con su traje de marinerito, quizá toda una premonición.

Su madre, Alma, era muy religiosa, y su mayor ilusión era que uno de sus hijos fuera sacerdote. Aquello venía de familia: su abuelo le había pagado la carrera eclesiástica al hijo del ama de su madre, que llegó a arzobispo. Quizá por ello Fernando quería ser cura de niño, y construía altares y quemaba incienso en el cuarto de baño. Hasta que un día, su madre lo llevó a visitar a don Leopoldo, el arzobispo, que veraneaba en Vigo.

—Don Leopoldo, que mi hijo Fernando quiere ser sacerdote, pero no estudia nada.

El arzobispo, pragmático, sondeó el paño:

—Vamos a ver, Fernando, ¿a ti te gustan las mujeres? Si no te gustan, no te preocupes que yo te llevo a Madrid y te hago sacerdote.

Fernando, que tendría unos doce años, meditó un momento. Finalmente habló:

—¿Sabe qué le digo, don Leopoldo? Que me gustan.

—Pues olvídate de ser cura —respondió el obispo.

Y así pasó a mejor vida su frustrada vocación infantil. Sin embargo, el niño siguió explotando aquella debilidad materna. Cuando, a final de curso, comparecía con los suspensos, le decía a su modo que quería ser «monje blanco». Y así, con aquella ilusión, evitaba el castigo.

Reconoce haber tenido una infancia feliz, aunque no pronuncia el adjetivo con énfasis especial. «He tenido poco cariño. No porque no me lo hayan dado, sino porque no he estado cerca del calor familiar. Me fui pronto del redil. Mi madre era una gran señora, una mujer excepcional, pero tenía once hijos y tenía que atenderlos, y como yo no estaba allí... Siempre lo he tenido que hacer todo por mí mismo.»

Su biografía no es la de un buscador anhelante de grandes objetivos ni la de un forjador de tremendas ilusiones. «Realmente yo creo que nunca he buscado nada. Nunca me he marcado una meta. Pienso que la suerte influye muchísimo en el destino de las personas y yo he tenido una gran suerte en la vida.» Aunque no era exactamente su objetivo, siempre pensaba que le agradaría ser «un tío importante». Cuando viajaba a Madrid y conocía a gente, con frecuencia advertía que «éstos son más brutos que yo», y cuando se percataba de que personas relevantes, que habían llegado a ser ministros u otros cargos de prestancia, no eran en realidad nada del otro mundo, se animaba: podía realmente conseguir lo que se le antojase, siempre que pusiese suficiente empeño.

Nunca ha tenido aficiones muy manifiestas. Jugaba al futbolín a los quince o dieciséis años y llegó a aficionarse al jockey sobre hierba. Curiosamente no conserva amigos de su primera juventud. No tiene estudios porque no le dio la gana estudiar. Cursó cuatro años de bachillerato y lo dejó. Su padre le puso entonces a trabajar, primero en los astilleros de un tío suyo, Joaquín Dávila, en Vigo, de peón, con mono y alpargatas. Estuvo allí un verano y el primer sueldo que ganó, sesenta pesetas, lo entregó íntegro a su padre, quien se sintió emocionado, aunque insistió en que tenía que seguir estudiando. El joven Fernando optó por hacerse marino mercante.

Su padre lo trató con rigor, probablemente porque era consciente de que, a pesar de su carácter indolente, era el más brillante de sus hijos, el que más lejos podría llegar en la vida. Fernando recuerda vívidamente cómo su padre hizo que le cortaran el pelo al cero cuando estaba preparándose, sin el menor interés, para el ingreso en la Escuela de Náutica. Su padre, más alto que él, con el pelo blanco y un sombrero, lo llevó al barbero. «Córtele el pelo al cero», ordenó al peluquero, y como éste, que era amigo del muchacho, cortaba sin demasiado afán, le increpó diciéndole: «¡O se lo cortas como te he dicho u os lo corto yo a los dos!» Su madre, cuando lo vio, se deshizo en llanto y le compró una gorra. Fernando tardó tiempo en salir de casa, que era lo que pretendía el padre. El chico aprobó el ingreso en la Escuela de Náutica. Tenía entonces quince años.

A los dos años dejó los estudios, y su padre lo llevó a su fábrica de conservas, en Cambados. Allí estuvo desde los dieciséis hasta los veinticinco años. El padre no dejó de controlarlo estrechamente durante todo ese tiempo: cuando llegaba al alba después de alguna correría nocturna, el padre, vigilante, lo despertaba a las ocho de la mañana, «¡Fernando, levántate!», mientras el resto de la familia seguía durmiendo. Todos en casa se habían confabulado para que llegara a ser un hombre de provecho, y bromeaban con ello. Cuando regresaba a cenar los sábados desde la fábrica de Cambados, sus hermanos le agradecían con sorna la comida que había en el plato, y que supuestamente les llegaba gracias al trabajo de Fernando. «Todos, sobre todo mi padre, se reían mucho conmigo. Yo estaba obsesionado con no crearle problemas a mi padre, con no darle disgustos, y me callaba los problemas de la fábrica, y buscaba dinero debajo de las piedras.»

En la fábrica hizo de todo, desde fogonero a comprador. Llegó a trabajar hasta diecisiete horas diarias durante varios meses, y emprendió una reestructuración a fondo de la empresa, para la que trabajaban ciento cincuenta mujeres. Pronto se dio cuenta de que la empresa no tenía suficiente envergadura para mantener una red propia de distribuidores. Se puso en contacto con otros conserveros de mayor tamaño (con Alfageme, con Masó) y les ofreció fabricar para ellos. Éste fue su primer negocio de importancia: el socio mayor le aportaba el dinero y las latas, él se ocupaba de comprar el pescado y la fábrica, que antes producía cinco mil cajas al año, llegó a veinticinco mil. Además, humanizó la empresa: las mujeres pasaron de cobrar ocho pesetas la hora a nueve, y también les dio una hora de recreo y un refrigerio de bocadillos y vino. La producción subió... Todo aquello no le pasaba inadvertido a su padre, quien —Fernando lo sabe por su suegro— pensaba de su hijo que era un diamante en bruto que había que pulir.

Fernández-Tapias se centró tanto en la fábrica que no llegó a insertarse en la sociedad de Vigo. Por eso no conserva amigos de aquella época. A los veinticuatro años conoció a Chiqui Riva Suardiaz, con quien se casaría, lo que motivó su abandono de la fábrica de conservas. Hasta entonces Fernando había vivido en la propia fábrica, en un cuartucho con un retrete (un simple entablado que daba al río), una palangana y una jofaina. En un principio, Chiqui y él pensaron en construirse una vivienda junto a la industria, pero el destino les deparaba otra cosa.

Un día, su suegro acudió a Vigo para hablar con Fernando y con su padre. Era un hombre inmensamente rico, almirante, ingeniero naval y naviero (tenía veintiún barcos), y quería participar en una remodelación de la fábrica de conservas. Sin embargo, como aquella industria pertenecía a todos los hermanos, era preciso contar con todos ellos y no hubo acuerdo. Así las cosas, Fernando se marchó a trabajar con su suegro, y su padre terminó vendiendo la fábrica porque ninguno de sus hijos quiso dirigirla.

«A mi suegro le debo gran parte de lo que soy», reconoce Fernando. Tenía sesenta años cuando conoció a su yerno, y murió un año después de la boda de Fernando con su hija Chiqui: le operaron de la vesícula y, tras varias complicaciones, no pudo superar una septicemia. Pero ese año de vida fue crucial para su yerno, a quien el suegro agradecía «haber salvado a su hija» (la esposa de Fernández-Tapias era una mujer débil y enfermiza). Como años antes había dicho su padre, también él pensaba que Fernando era un diamante en bruto que había que pulir. Lo envió tres meses a Inglaterra a que aprendiera inglés y puso en su mano un tratado de contabilidad que le resultó extraordinariamente útil, pues Fernando tenía las ideas muy claras sobre cómo llevar la gerencia de una empresa, pero hasta entonces no sabía cómo hacer un balance. Después lo envió a la Universidad de Deusto. Allí le presentó al padre Bernaola, el factótum de aquella institución, y éste le convenció para que se matriculara en un curso en el Instituto Superior de Empresa (el Inside), que era sólo para licenciados. Fernando recuerda su azoramiento: «Mire, padre, yo no sé nada, no tengo estudios, sólo sé lo que me ha enseñado la vida», le dijo. Bernaola lo tranquilizó, y le pidió que a los demás compañeros de curso les dijera que era economista.

El curso comenzó en septiembre y duró un año. Eran cuarenta y dos alumnos, todos graduados, y Fernando obtuvo el número dos. «Aquélla fue la mayor alegría que pude dar a mi suegro —recuerda—. Cuando le entregué el diploma, lo colgó en su despacho y se le saltaron las lágrimas.» Durante aquel año, en Deusto, Fernando iba por las mañanas a los astilleros Euskalduna a aprender temas de construcción naval, pero «no falté ni un solo día a clase, ni un día», puntualiza. Cuando acababa el curso, en Navidades, Fernando se confió a su suegro:

—Me gustaría trabajar con alguien importante, ser el secretario de algún personaje importante.

—¿Sabes que he soñado que ibas a trabajar conmigo? —le respondió el padre de su mujer. Y, en efecto, comenzó a trabajar en la naviera Vapores Suardiaz, propiedad de su suegro y de sus dos hermanos.

El aterrizaje no fue sencillo. Aunque Fernando había ido a trabajar y no a medrar simplemente, su posición no era fácil. Vivía con su mujer en Oquendo 5, con sus suegros, y a los dos meses ya planteó su deseo de marcharse de la naviera. Una decisión que no gustó demasiado a su suegro, quien le espetó:

—A los gallegos se os cae la paletilla.

—No, es que para no hacer nada, me voy —le respondió Fernando.

Al otro día, su suegro llamó a un tal Pedrera y le cantó las cuarenta:

—Me dice mi yerno que no le dejáis hacer las cuentas de los puertos.

—Es que Tapias... —empezó a hablar el otro, pero el suegro no le dejó terminar.

—De Tapias, nada. Para usted este señor es don Fernando, y él es aquí mis ojos y mis oídos, y lo que él diga vale.

El suegro murió en febrero de 1966, y poco después Fernando fue nombrado vicepresidente y, posteriormente, presidente de los navieros. *

Fernando insiste en la gran oportunidad que le dio su suegro, que encarriló su vida. «Seguramente —dice— sin mi suegro yo no sería nada. Siempre lo he reconocido así. Tampoco le defraudé. Y si aquel gran hombre no hubiese muerto, juntos hubiéramos hecho grandes cosas. Tenía una inteligencia privilegiada y era una gran persona.»

La relación con su familia política no fue fácil. Tuvo algún encontronazo con sus cuñados. El mayor de ellos se fue de casa y Fernando hizo todo lo posible para que volviera, aun en contra de la voluntad de su padre. Poco después, aquel cuñado le pidió trabajar con él, y en eso el suegro fue inflexible: «Esto no es una democracia, así que aquí se hace lo que yo digo.» Después, a la muerte de su padre, sí trabajó en los astilleros, y fue uno de los artífices de su posterior fracaso. Toda la fortuna de aquella familia se dilapidó en poco tiempo.

Tras morir su suegro, Fernando Fernández-Tapias se enfrentó con su suegra, una mujer de armas tomar con quien no podía entenderse. Se puso a trabajar con los tíos de su mujer, hasta 1976, que es cuando comenzó a

* Al almirante Riva Suardiaz, suegro de Fernández-Tapias, le dieron la Laureada porque estuvo en el Cuartel de Simancas durante la Guerra Civil. A él se le atribuye la frase —famosa en esa época— de «disparad, que el enemigo está dentro».

trabajar en solitario. Tenía treinta y ocho años, y fue entonces cuando verdaderamente empezó a ganar dinero. Fundó la naviera del International Roll-on Roll-off y luego la vendió. «Éste es el negocio de los navieros —explica—, siempre la compra-venta.» Sucesivamente, adquirió o fundó Interpuestos, Sapin Shipping, Naviera Amura... Fue presidente de Remolcadores Nosa y de la Naviera Roda, socio de la compañía Galicia Remolcadores Nosa Terra... Finalmente, en 1989-1990 constituyó la Naviera Tapias, que no vendería, y además puso los nombres de sus hijos a los petroleros para apartar la tentación de deshacerse de ellos, pues deseaba dejárselos en herencia.

Sus hijos se llaman Fernando, Borja, Íñigo, Bosco, Juana, Alejandro y Sandra, y todos tienen un barco con su nombre. Su actividad empresarial incluye además empresas de remolcadores, la compañía Sertosa (comprada al Banco Hispano) y la empresa de conservas Peña, adquirida al hijo de quien había comprado a su padre la pequeña empresa conservera familiar. Esta adquisición fue una decisión sentimental: reconoce que ha vivido muy intensamente el negocio de las conservas, que le resulta muy especial y entrañable, y piensa que en tal negocio el buen ojo del empresario constituye el ingrediente fundamental. No es un negocio muy rentable, y sólo después de realizar una importante inversión ha conseguido sacarlo a flote. Tiene asimismo otras empresas dispersas, como una fábrica de plástico autodegradable en Orense. A estas alturas de su vida no desea extender más su ya dilatado imperio empresarial.

En su carrera empresarial ha tenido, lógicamente,

altibajos, si bien no ha estado nunca cerca de la bancarrota. Tiene un lema que siempre ha cumplido: no dejar nunca de pagar una sola peseta en el día y a la hora en que vence un crédito. «Yo dejaría de comer por pagar una deuda», afirma. Nunca ha especulado con su dinero, ni ha emprendido aventuras turbias que pudieran involucrarlo en episodios de corrupción. Tampoco ha necesitado hacerlo. Pasó momentos difíciles cuando gestionaba su negocio de *ferrys*: invirtió grandes cantidades en unos barcos que teóricamente no habían de tener gastos de puerto, pero eso no fue así, ya que tenían que competir con los barcos normales. Vendió el negocio porque vio que no podría cumplir con sus clientes, «y eso no puedo soportarlo, si no puedo pagar, me salgo».

Fernando encontró la principal y decisiva ayuda en su suegro, como hemos visto líneas atrás. Su primera esposa no le ayudó, pues «se desequilibró un poco». De su segunda mujer, Juana, recibió algún apoyo, aunque no hasta el extremo de que ella pudiese decir, como efectivamente ha dicho, que él es lo que es gracias a ella: se limitó a estar a su lado, a ayudarle psicológicamente.

Fernández-Tapias es un hombre reservado, poco amigo de confidencias. «Nunca he contado a nadie mis problemas, y así me ha ido bastante bien en la vida.» Pero reconoce una amistad singular, la de alguien que además es su socio: Lalo Azcona. «Lalo sabe muchas cosas de mi vida, pero hay otras muchas que no conoce. Nos comunicamos muy bien, y yo daría por Lalo lo que fuese, y Lalo por mí también. Aparte de Lalo no tengo muchos amigos, o al menos no los tengo tan íntimos.

Fernando Fernández-Tapias (sentado, el primero por la derecha) junto a sus padres y sus diez hermanos, en su casa de Vigo. Una imagen que en nada podía hacer prever la rebeldía del joven, que pronto empezó a volar en solitario.

Fernández-Tapias junto a sus hijos (de izquierda a derecha: Sandra, Íñigo, Borja, Fernando y Bosco), fruto de sus dos matrimonios, el primero con Chiqui Riva Suardiaz y el segundo con Clara Courel. De ambas se ha divorciado. Lo dice el refrán: afortunado en el dinero desafortunado en el amor.

¿Por qué? Porque una persona como yo, que tiene importantes responsabilidades de empresa, tampoco puede entregar fácilmente su intimidad a los demás.»

Reconoce que no ha perseguido un objetivo concreto a lo largo de su vida, pero admite que se sintió plenamente realizado cuando se convirtió primero en vicepresidente y luego en presidente de los navieros de España (ANAVE), una meta ciertamente relevante para una persona que, como él mismo afirma, no tiene estudios; aquella presidencia tenía importancia entonces, antes del declive del sector, que ha reducido mucho el número de navieros que hay en el país. Más tarde fue vicepresidente de los empresarios de Madrid (CEIM). «Todo esto, para un hombre que venía de Galicia y sin grandes conocimientos, es un triunfo, porque, además, aquellos conocimientos me llegaban por mí mismo: a mí no me apadrinó nadie.» Fernando Fernández-Tapias sintió una gran satisfacción cuando su nombre empezó a sonar como candidato a la presidencia de la Confederación Española de Organizaciones Empresariales, de la que actualmente es vicepresidente: «Llegué allí sin habérmelo propuesto —admite—, por suerte, por las circunstancias de la vida. Debo de tener habilidad para promocionarme, para hacer amistades.»

Fernández-Tapias es, desde 1985, presidente de la Confederación Empresarial Independiente de Madrid (CEIM). Un año después fue elegido vicepresidente de la CEOE, cargo que aún ostenta. Pese a estos relevantes cargos, asegura que no es político y que no le gusta la política. Sin embargo, los políticos dicen de él que es un político nato. Él asegura que sólo lo es en la manera de actuar. «Por ejemplo, ahora, como presidente de los empresarios madrileños, creo que tengo que llevarme bien con los políticos, sean del color que sean, porque represento unos intereses ajenos y no puedo guiarme por mis inclinaciones personales. No puedo, y no debo hacerlo.» Rechazaría cualquier cargo político si se lo ofrecieran: «Bastante rozas con la política al tener que actuar desde los cargos que ocupo.» Y manifiesta su deseo de abandonar pronto estos cargos: «Once años es tiempo suficiente.»

El dinero nunca le preocupó en exceso. No ha querido amasar fortuna: ha preferido crear. Por eso, explica, «me he metido en distintos negocios, invirtiendo mucho dinero, sin tener necesidad de ello». Rehúsa sistemáticamente participar en negocios ajenos, porque «ganar cincuenta o sesenta millones de pesetas más al año no me va a cambiar la vida, pero perder dos o tres me causaría un fastidio tremendo. No me compensa meterme en más cosas. Siempre que me he embarcado en negocios que me han propuesto, he perdido dinero...». Como a todo empresario de raza, a él le gusta «tener familias que dependan de mí. Esto colma el orgullo y da satisfacción: saber que la gente vive gracias a tu esfuerzo, a tus ideas. Y yo vivo gracias al trabajo y al esfuerzo de ellos. Porque yo soy de los que piensan que la empresa es una obra de todos, desde el último trabajador al primero, y no funcionaría sin el concurso de todas las piezas del engranaje, como tampoco funciona el capital sin un buen gestor».

Concibe de manera particular su papel en la empresa: «Yo tengo un equipo bárbaro, gente que lleva conmigo veinte, treinta años, y aunque sé que no hay nadie imprescindible, pienso que el verdadero empresario tiene que hacerse indispensable en los momentos culminantes. Tienes que tomar decisiones, aciertes o te equivoques. En ese momento es cuando dominas la empresa. Los demás toman a diario muchas decisiones, pero cuando llega la ocasión verdaderamente importante se paran y preguntan: ¿y aquí qué hago? El jefe tiene que decidir. No eres imprescindible, pero tiene que hacer notar esa superioridad.»

Fernández-Tapias es un hombre tranquilo —su signo es Sagitario—, que se guía por el criterio de que «todo tiene solución menos la muerte». Reconoce que si en algún momento corrieran a avisarle de que, por alguna razón, al otro día habría de ir a la cárcel, esa noche dormiría profundamente: se sabe aislar de los problemas, porque todo, al cabo, tiene solución. «¿Para qué me voy a agobiar? Ya se arreglará», es su lema. Realista y pragmático, se siente preparado para cualquier adversidad. Este temperamento le ha sido muy útil, reconoce, para soportar las bofetadas que últimamente le han dado los medios de comunicación. «Yo no he hecho nada malo, no he cometido ningún crimen. Si lo hubiera hecho, estaría destrozado interiormente.»

De carácter extravertido, le agrada la buena mesa («Por un buen cocido, soy capaz de ir a Astorga»), pero en un sentido social, por compartirla con los demás, por obsequiar a los otros. «Disfruto yo más haciendo disfrutar a los demás que disfrutando yo mismo», asegura. «Un día, Raúl del Pozo, sin conocerme, escribió de mí en *El Mundo* que traía los percebes en avión. Le pedí que viniera a verme, le puse en una barra, en Marbella, centollos, percebes, toda clase de mariscos. Y le argumenté: si yo no consumiese todo esto, si no lo trajeran en avión hasta aquí, el pescador no comería. Tiene que haber alguien que lo consuma, y si yo lo puedo consumir y dároslo a vosotros, ¿por qué me voy a sacrificar?»

Alardea de que sus amigos reconocen que como en su casa no se come en ninguna otra; de que como anfitrión es muy detallista, muy perfeccionista; de que se preocupa por atender a sus invitados. Le gusta cocinar, cocer el marisco, ir al mercado (al mercado de La Cebada, donde le conoce todo el mundo) a comprar marisco, fruta, carne... y sabe de lejos si el marisco es o no fresco («A mí no me engañan»). Ahora que vive solo va al mercado los sábados a hacer la gran compra y disfruta con ello. En realidad, reconoce, le gusta comprar cualquier cosa. Y refiere una de sus anécdotas más reveladoras: «Un día salí de casa a comprar unos yogures y me compré un Ferrari. El dinero te da estas satisfacciones —dice como para disculparse—, pero también sirve para ayudar a los demás —añade—. Yo ayudo mucho a los demás, pero en silencio. Porque estas cosas no se pueden decir. Si hablas de más, en seguida se forma una cola a tu puerta.»

Se considera un hombre duro, seguro de aquello que domina («Yo de barcos sé...») y de quien no han podido aprovecharse los demás, salvo, ahora, su segunda mujer, Clara Courel. Acepta a regañadientes el tópico de que los gallegos son por naturaleza desconfiados: «El gallego es ignorante y por eso es desconfiado. Le preguntas "¿Adónde vas?", y te responde "¿Y tú?". Tiene miedo en el fondo de que vayas a utilizarlo.» Pero no es ésta su actitud ante la vida: «Soy muy directo en todo. No doy un rodeo para llegar hasta aquí. Ni en los negocios ni en la vida doy vueltas. No soy intrigante, no me gusta la intriga, aunque quizá esta actitud me ha hecho perder algunas oportunidades. Quienes me conocen saben que soy así: no digo hoy una cosa para decir mañana otra distinta.» En cualquier caso, nunca le han estafado.

No es fácil entrar en la intimidad del personaje. «Me cuesta entregarme, abrirme, hablar de mí.» Reconoce sin embargo su propia sensibilidad: «Cualquier emoción humana puede hacerme llorar. A veces, estando solo, me emociona una película. Y me gusta querer a los demás.» Con los hijos, sin embargo, no comparte la teoría de quienes dicen que hay que hacerse amigos de ellos, tratarlos con camaradería. Él prefiere mantener con sus hijos una relación semejante a la que él mismo tuvo con su padre: «No hablé con él más de cinco mil palabras en mi vida, y eso que trabajé diez años con él. Siempre le tuve mucho respeto, y me llenaba de perplejidad la familiaridad con que le trataban mis hermanos pequeños.» Pero no dogmatiza: «Puede que me equivoque, puede que lo normal sea lo otro.»

Con sus demás hermanos la relación es generalmente buena. «Con alguno hace tiempo que no hablo por los disgustos que me han dado.» Se entrevé alguna vieja fricción por comportamientos que no aprueba. «Les he ayudado siempre que lo han necesitado.» Con el resto de los hermanos el contacto es fluido. «Mi hermana la mayor, de nombre Alma, como mi madre, es un poco la madre de todos, porque mi madre padecía depresiones cuando no estaba en estado... y Alma cuidó de todos los hermanos, de todos nosotros.»

Desde que murió su madre va poco por Vigo. Antes hacía barcos allí (todavía, últimamente, ha construido un remolcador). «Además, después de mi separación, con el lío con Mar Flores y el hecho de ser tan famoso, casi no puedo ir...»

# 8

# Joan Manual Serrat

Joan Manuel Serrat nació el 27 de diciembre de 1943 en la calle Poeta Cabanyes del Poble Sec, un popular barrio barcelonés, entre el Paralelo y la Montaña de Montjuich. Eran años de posguerra, silencio y necesidad, sobre todo para el bando de los vencidos, que era el de la familia de Serrat. En aquel arrabal de Barcelona, las depauperadas clases medias establecían entre sí vínculos estrechos de solidaridad, lo cual constituía un modo de preservar su proscrita identidad ideológica, un gesto defensivo de pura supervivencia. En su barrio, en el que los inmigrantes se fundieron con los autóctonos sin más problema que la precariedad general, Serrat fue siempre, sigue siendo, Juanito. El Poble Sec está no sólo en los orígenes y en los afectos de Serrat, sino también en muchas de sus mejores canciones.

Como seguramente les sucede a todas las personas, la memoria de Joan Manuel es voluble y caprichosa. Recuerda perfectamente algunos hechos remotísimos y, en cambio, tiene lagunas en etapas adultas de la vida (de los veinticinco a los treinta y cinco años sobre todo). «El primer recuerdo que conservo —dice— es en la cuna y es muy claro. Debía de tener unos once meses y apareció un fotógrafo en casa; me sentaron en el respaldo de un sillón, apoyado en las orejeras; todavía me parece estar viendo la vitrina esquinera de casa. El segundo no es muy posterior: debió ser en la primavera del 44, y me veo agarrado a los visillos del balcón, de esos pequeños de los entresuelos; es un recuerdo oscuro, de un día gris, casi tenebroso... A partir de los tres años conservo la visión de los primeros días del colegio, de la mano de mi maestra, que curiosamente era la hija de la lechera de mi calle; ella me enseñó las primeras letras en los rótulos que veíamos al pasar, en los anuncios de los flancos de los tranvías...»

El padre de Joan Manuel era sencillamente un obrero, un lampista, de los que arreglaban el gas. Había sido anarquista. Su madre, Ángeles, era oriunda de Belchite, una localidad que padeció durante la guerra una de las más cruentas batallas de toda la contienda, que dejó marcada a la familia. Ella era costurera, hacía pijamas para una empresa del textil, y además llevaba la casa, hacía «las labores propias de su sexo», como entonces se decía. Serrat conserva la imagen entrañable y permanente de sus padres, siempre mayores, nunca progresivamente viejos. «Siempre los he visto igual; siempre abrumados por un día a día tenso, sobrecargado, difícil... Me sentí muy querido. No sólo por mis padres: también por toda la familia, desde mucho antes de que me convirtiera en "la esperanza blanca" de todos ellos. También me he sentido muy querido por mis vecinos, por mis amigos e incluso por algunos de mis maestros.»

La estructura familiar fue, como dice Joan Manuel, «un lío»: «Yo soy hijo de mi padre y de mi madre. Mi hermano (Eudaldo o Carlos, porque responde a los dos nombres: tuvo el privilegio de cambiárselo a los ocho años porque no le gustaba el antiguo) es hijo de mi padre, que lo tuvo de un anterior matrimonio con una mujer que falleció y a la que Carlos ni siquiera conoció; mi madre, al casarse, se hizo cargo del paquete completo y aportó también a la familia a dos sobrinas, María y Manuela, cuya madre había muerto de parto y cuyo padre había sido asesinado en la guerra. Yo diría que somos cuatro hermanos.»

La infancia de Serrat, en el Poble Sec, fue de pobreza lindante con el hambre, estraperlo y persecución política. Para Serrat, el barrio desempeñó un papel esencial en su inserción posterior en la vida, en su temperamento, en su manera de orientar las ideas y la vida. «El barrio —dice— es la tercera pata del taburete en que uno se apoya para crecer. La primera es el núcleo familiar, los padres. La segunda es la escuela: los maestros que te toquen en suerte son decisivos a la hora de orientar tu vida de una forma o de otra. La tercera es el barrio, la vecindad, los amigos, la calle, los conocimientos que este ambiente urbano sea capaz de darte, los ejemplos que veas, el aprendizaje que extraigas y que finalmente termina moldeándote. En mi época, la calle era el lugar de la sociabilidad, de los juegos... Allí se pasaba mucho tiempo, mucho más que en casa, mucho más que en la escuela.»

La primera comunión del niño Serrat (una ceremonia que en la época tenía gran relevancia social, como si se tratara de la entrada del impúber en sociedad) dejó sin embargo un recuerdo muy desagradable en él. Así lo relata, advirtiendo que puede herir a algunos, aunque no pretende denigrar a nadie: «Yo me mareé el día de mi primera comunión. Me mareé precisamente en el momento de comulgar y vomité. Debió ser el efecto de los nervios, de los humos de las velas, del ambiente sobrecargado. Lo pasé muy mal. Ni siquiera pude hacer, como los otros niños, el recorrido por las casas de los amigos y los familiares para dar la estampita, a cinco duros cada una, algo que hubiese sido muy necesario para mi maltrecha economía. Tuvieron que acostarme, y ni siquiera pude disfrutar de la comida extraordinaria de aquel día. Conservo de aquello alguna estampita y, por supuesto, el retrato vestido de marinerito; ¡porque me lo hicieron antes de comulgar, que si no...!»

La calle era, naturalmente, el escenario de los juegos. Primero, lúdicos e infantiles; luego, en la adolescencia, dotados ya de cierto sentido iniciático. Allí los muchachos entablaban las primeras relaciones con las chicas, cargadas de mutua curiosidad y disfrazadas bajo el embozo de juegos tramposos que acababan en el eterno dilema del «me quieres, no me quieres». Y estaban las esquinas: Joan Manuel expresa un punto de nostalgia al evocarlas: «Las esquinas de los barrios, las oscuridades, las profundidades de las escaleras han sido las más aprovechadas del mundo para aquellos primeros escarceos, para el descubrimiento inquieto de los secretos de la vida.» También había juegos de calle, juegos de pelota, que creaban vínculos entre los muchachos. «Quizá lo que más pueden echar en falta los niños de ahora en su formación es esta libertad de relaciones, la iniciación que se producía en la calle. A las diez, como por ensalmo, todo se acababa: salían las matronas a los balcones, y sus gritos nos devolvían a cada uno al nido correspondiente. Pero de cinco y media a diez el mundo era nuestro.»

También el cine, entonces una de las escasas evasiones de la prosaica realidad, tenía un carácter iniciático. Divaga Serrat por la imagen tópica del cine de barrio, de sesión continua, olor a zotal y rincones abruptos: «Al cine ibas siempre, echaran lo que echaran, bien porque te interesara la película, bien porque te interesara la compañía. O por las mil razones por las que el cine te vuelve loco.»

Había privaciones, necesidades, escasez, pero el mundo era entonces de otra manera. Joan Manuel y sus amigos ni siquiera se planteaban la necesidad de muchas cosas que, por otra parte, para ellos eran totalmente inaccesibles. La vida se llenaba de otro modo, con cosas mucho más asequibles, «pero hoy uno se da cuenta de que el mercado ha sustituido tanto a la caricia que parece imposible que los niños de ahora tengan acceso a todo lo que nosotros sí conseguíamos». Sin embargo, esta filosofía vital, posibilista, tenía excepciones. Serrat confiesa una pasión que le era entonces completamente inalcanzable: una bicicleta. «La bicicleta fue mi primer amor —reconoce—. De lo primero que me enamoré en la vida fue de una bici. Evidentemente, para mi padre o para mi familia era imposible comprarme una o, al menos, aquella compra hubiera acarreado grandes dificultades. Por eso, nunca se planteó siquiera. Primero, porque no era un vehículo necesario para el transporte personal, y después, porque había un precedente desfavorable que hacía aún más descartable aquella idea: mi tío Juan, el hermano de mi padre, había tenido un accidente con la bicicleta, se había clavado los radios en la pierna y había quedado cojo para toda la vida. Aquel argumento era definitivo para justificar la prohibición, aunque no sé todavía si aquélla era una razón objetiva o una simple manipulación de la familia para no comprar la bicicleta o para no tener que dar otro tipo de explicaciones a la negativa. Pero aquella pasión tenía un sucedáneo: alquilar bicis. Unas bicis que estaban en estado deplorable y que devolvíamos después de usarlas en estado todavía más deplorable. Costaban una peseta el cuarto de hora, cuatro pesetas la hora (eran los primeros años de la década de 1950), y generalmente las usábamos más tiempo del concertado. Las devolvíamos por el procedimiento de dejarlas cerca de la tienda de alquiler y salir corriendo. Yo no tuve bicicleta hasta mucho después, hasta que pude comprármela. Para entonces ya había dejado de estar enamorado de la bici y había tenido tiempo de sobras de enamorarme de la maestra, de varias niñas del colegio, de muchas más de la calle y de otras que se cruzaron en mi camino. A partir de los treinta años he vuelto a la bici por una cuestión personal. A mí es que la bici me gusta mucho.»

La infancia de Serrat, como la de la mayoría de los niños, está vinculada a la memoria de ciertos olores. «Uno de los que recuerdo con mayor cariño —explica— es el de las magdalenas recién hechas. El ritual de fabricarlas en aquellos primitivos hornos caseros de leña era una fiesta maravillosa, que comenzaba con el sabor de la pasta cruda (había que meter el dedo en ella a hurtadillas) y se colmaba al verlas salir del horno, esponjosas y

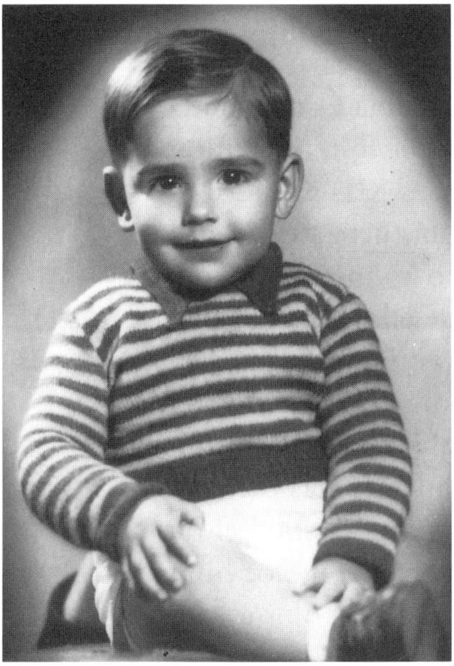

Los primeros recuerdos de infancia de Joan Manuel Serrat se retrotraen al momento en que un fotógrafo hizo acto de presencia en su vida y en su casa. Tenía once meses cuando le sentaron en un sillón y le hicieron su primera instantánea.

Del día de su primera comunión guarda Serrat un recuerdo muy desagradable: la hostia le sentó mal y devolvió. La indisposición (debida seguramente a los nervios) obligó a sus padres a meterle en la cama, y Joan Manuel se perdió una comida extraordinaria.

calientes, tentadoras y peligrosas. Había también un olor urbano característico del arrabal en que vivíamos, de los espacios en los que jugábamos... Mi calle terminaba en una cuesta arriba pronunciada, a partir de la cual empezaban las chabolas, que no reunían obviamente ninguna condición higiénica. Y de ellas y de los desperdicios abandonados en los descampados emanaba un olor acre a podredumbre que se mezclaba con otro olor característico, el de las hierbas que nacían espontáneamente... Aquellos aromas se hacían aún más penetrantes al llegar el verano. También era característico el olor a zotal, el desinfectante de la posguerra; y el olor húmedo de los patios interiores, confundido con el olor a frito y a aceite caliente...»

Serrat hizo los primeros estudios en los Escolapios, gracias a una beca. Después siempre estuvo en la enseñanza pública: se matriculó en el Instituto Milá i Fontanals y más tarde fue a cursar el bachillerato a la Universidad Laboral de Tarragona. A los dieciséis años empezó los estudios de perito agrícola, que terminó con Premio Nacional Extraordinario. Era muy buen estudiante, «más por obligación que por devoción: había que sacar buenas notas para conservar las becas». Joan Manuel no cree, sin embargo, que la educación que se impartía en su época fuese más rigurosa que la de hoy día, en contra de lo que suele decirse; por el contrario, piensa que él tuvo que estudiar mucho menos que la juventud actual. «He oído decir hace poco a un alto cargo de Educación que hoy los chicos acaban el bachillerato confundiendo a Lope de Vega con un militar de los tercios de Flandes. Yo tengo constancia de que mis hijas, y los amigos de mis hijas, que estudian en una escuela pública, saben bien quién fue Lope de Vega y conocen su obra, entre otras razones porque sus maestros son excelentes. ¡También en mi época había quien confundía a Cervantes con un portero de fútbol! No se puede utilizar una excepción para denigrar la escuela pública, que ha tenido muchas dificultades para crecer y llegar hasta aquí, y que conviene mantener a toda costa.»

Reconoce la gran influencia que ha ejercido sobre él, sobre su formación, el entorno familiar. «Yo estoy muy apegado a la familia —afirma—. No tanto a la familia como institución (porque yo creo que la familia es el derredor que uno es capaz de crearse), sino a la familia como conjunto concreto de personas en el que existe una fuerte solidaridad. Creo en la familia como fórmula del individuo para defenderse, para sobrevivir... Cuando la familia se convierte en una férula que atenaza a los individuos que hay en ella, me parece una institución muy peligrosa que deja al individuo en una gran indefensión. Yo he vivido en unos ámbitos familiares muy sólidos, herederos de la cultura de la Guerra Civil, y conscientes por lo tanto de que su supervivencia dependía de su capacidad de apoyo mutuo... Por supuesto, no soy dogmático a este respecto. Hablo sólo por mí, sin ánimo alguno de ejemplarizar ni de generalizar.»

Se aficionó tarde a la lectura. Durante la infancia y la adolescencia apenas si leía tebeos. Ni siquiera frecuentaba la que sus mayores llamaban pretenciosamente «la biblioteca» (dos tablones con algunos libros de *El Coyote* de Mallorquí, Salgari, las novelas de Tarzán...). Comenzó a leer a los veinte o veintiún años, cuando se encontraba en Jaca (Huesca), trabajando con unos compañeros en el Centro Pirenaico de Biología Experimental. Un compañero, lector avezado (Puig de Fábregas, se llamaba), le contagió aquella pasión. «La lectura engancha, y cuando descubres la maravilla de leer te vas metiendo en el hábito. Supongo que todos tenemos un maestro de lectura, alguien que algún día nos descorre el velo y nos crea la obligación, que ya se convierte después en algo lúdico...» La Universidad contribuyó grandemente a crearle inquietud intelectual. Eran los tiempos de los libros semiclandestinos de Editorial Losada, que llegaban desde Buenos Aires con la poesía y el teatro de los grandes poetas proscritos; del existencialismo, de los ensayos franceses... La literatura rescatada y secreta contribuía a infundir aires de libertad.

Durante la adolescencia, Serrat era lo que un famoso personaje del cómic, el profesor Alas, denominaba «un alfeñique»: muy delgado y bajito. Serrat tardó en desarrollarse, y ello hizo que, en lugar de utilizar las armas de la buena presencia y el atractivo físico para relacionarse, buscara otras vías indirectas: la guitarra fue una de esas sendas laterales que utilizó para aproximarse al otro sexo, «que siempre me ha interesado muchísimo —asegura bromeando—. Siempre he cedido a la lujuria y a la concupiscencia, y lo que sabía que no iba a alcanzar por la vista, procuraba conseguirlo por el oído».

Al margen de estas ironías, que quizá encierren algunas briznas de coquetería, Joan Manuel reconoce que desde siempre, desde que recuerda, ha tenido la vocación de cantar. A este respecto refiere una anécdota de su abuela Antonia, «la única abuela que he conocido y que murió cuando yo tenía seis años y tres meses». Él solía quedarse a dormir en su casa, en la calle Conde de Asalto, en pleno corazón del barrio chino barcelonés: «Cuando me sacaba por la tarde a pasear (yo debía tener poco más de cuatro años), se paraba junto a un barquillero que estaba a la altura de la calle de San Ramón, y al lado siempre se ponía un sujeto que vendía cancioneros de colorines con la fotografía de Machín o Valderrama o la Piquer en la portada. La abuela siempre me preguntaba lo mismo: ¿qué quieres? ¿Unos barquillos o un cancionero? En aquella época uno no andaba sobrado de dulces ni de caramelos ni de golosinas, pero siempre prefería yo un cancionero. Mi abuela no lo entendía, pero lo respetaba. He tenido suerte de tener una familia que siempre me ha respetado, aunque no siempre haya entendido mis decisiones. El respeto consiste al fin y al cabo en no entender y acompañar a pesar de todo. Eso me ha ayudado mucho en la vida y me ha servido de escuela para aprender a respetar a los demás.»

Junto a tres compañeros del servicio militar formó un conjunto musical. «Tocábamos rock and roll de la época, muy suave, como corresponde a su propio nombre (el de ahora no se sabe muy bien lo que es, ya que se mezclan estilos musicales muy heterogéneos y a veces muy dispares). En nuestra música, y en general en toda la de nuestro estilo, había muchas influencias de algunos americanos, que nos llegaban bien en versiones de Los Llopis, bien en directo de Elvis Presley, Jerry Lee Lewis y otros artistas que sólo conocíamos los muy aficionados, porque sonaban muy poco por la radio.» Tiene a gala ser uno de los descubridores de Elvis: «Siempre me sorprende constatar ahora que a todo el mundo le había gustado Elvis desde siempre, y me asombra porque entonces nadie lo conocía. A Presley se le empezó a conocer a partir de la película *King Creole*, que pasó inadvertida. Y cuando tuvo aquí verdadera fama fue en su peor época, en su decadencia, en la de su gordura y sus pastillas más que en la de sus contorsiones. No quiero dármelas de pionero de nada, pero sí quiero manifestar las sorpresas musicales que uno se lleva cuando pasan los años y resulta que artistas que habían permanecido en los cajones para la mayoría en realidad formaron parte de su cancionero sentimental más íntimo.»

Fueron sus propios compañeros de grupo quienes le animaron a probar fortuna en solitario. Su primera actuación como solista fue en Radio Barcelona, en el programa *Radioscope*, cuyo presentador, Salvador Escamilla, le recomendó a la editora discográfica catalana Edigsa. En 1965 grabó su primer disco. Un año después tuvo que decidir si seguía trabajando como perito agrícola en el Centro Pirenaico de Biología Experimental, en Jaca, o si se dedicaba en cuerpo y alma a la canción. Optó por este segundo camino y consiguió su primer éxito con *Ara que tinc vint anys*, pero fue en 1967 cuando se consagró definitivamente al convertirse en el número uno de ventas de toda España con *Paraules d'amor* y *Cançó de matinada*.

Aunque no le agrada que le pregunten cuándo ha tomado conciencia de su propio éxito («Yo siempre he tenido conciencia», responde irónico), piensa que la popularidad («No el éxito», puntualiza) le llegó después de lanzar esas dos canciones mencionadas. Afirma que la

El barrio, los amigos, la calle y la familia son las cuatro patas sobre las que se asienta la adolescencia del joven Serrat (el primero por la derecha). Un aprendizaje que le ayudó a modelar su personalidad futura.

Para los jóvenes de los años cincuenta y sesenta, el fútbol representaba algo más que una diversión. Era el único deporte que podían practicar sin necesidad de hacer dispendios. En la foto, Joan Manuel Serrat bebiendo agua durante un partido.

suya «es en aquel momento una popularidad que trasciende de los límites del ámbito de habla catalana y, por una parte, se introduce en un mercado formado en toda España por gente inquieta que busca otro tipo de canción porque también busca otro modo de relacionarse, otra clase de sociedad, una relación distinta entre hombres y mujeres; y por otra parte, el tipo de música que yo hago también cala en los ambientes juveniles. Por fortuna, aquello sucede en una España que va volviéndose más tolerante, en una época en que empiezan a hacerse agujeros en el queso de Gruyère que es este país, de forma que hay una apertura, la gente busca el conocimiento mutuo y ya empieza a mirarse con otros ojos a quien habla en catalán o a quien piensa distinto: ya no es el enemigo, en una palabra. Independientemente del régimen, la tolerancia de los ciudadanos es cíclica en este país; en los últimos veinte años la he visto aparecer y desaparecer cíclicamente. Y a finales de los sesenta estábamos en la fase alta del ciclo.»

Cuando Serrat había alcanzado ya una gran popularidad y era el personaje más relevante de la Nova Cançó, estalló en 1968 el escándalo del Festival de Eurovisión, un certamen musical que entonces tenía una gran audiencia y bastante proyección en Europa, por lo que el régimen franquista buscaba crearse, con su participación, cierta imagen exterior, bastante mala en general por su carácter autoritario. En un gesto de claro contenido político, Serrat se negó a cantar en el festival si no era en catalán, ya que era en esta lengua en la que había obtenido sus grandes éxitos recientes. Serrat pensaba que el uso de su lengua materna, reprimida por la dictadura, podría dar al país una imagen más liberal ante Europa. Sin embargo, Televisión Española se negó, decidió sustituirle por Massiel y le vetó durante cinco años en la radio y la televisión públicas, que ejercían entonces un firme monopolio. Para entender aquel incidente hay que saber que la represión del catalán como lengua de cultura no había cesado en absoluto desde el final de la Guerra Civil. Aquel mismo año se prohibía, por ejemplo, a Salvador Espriu leer su poema *El meu poble y jo* en un homenaje a Pompeu Fabra. También en el 68 el Tribunal de Orden Público dictaba sentencia condenatoria contra Néstor Luján, director de la revista *Destino*, por publicar una carta titulada «El catalán se acaba». Y, al amparo de la Ley de Prensa de 1996 (la «ley Fraga»), eran frecuentes los secuestros de publicaciones en catalán, como las revistas minoritarias *Besós* o *Amunt*.

El impacto de aquella intolerancia sobre Joan Manuel fue brutal. «Los que tenían una oportunidad histórica de apuntarse un tanto, el de manifestar respeto hacia la diversidad española, se comportaron de manera cerrada y cerril. Frente a aquel encontronazo, hubo una fuerte reacción popular, eso sí, dividida. El rechazo hacia mi actitud fue brutal, pero también me encontré fuertes apoyos, no sólo en el ámbito catalán sino fuera de él: muchos castellanohablantes manifestaron su respeto por una decisión que era entonces insólita e impensable, y que, por cierto, siguió siéndolo bastantes años después.»

La historia nunca se ha contado completa. Ésta es la versión de primera mano de Serrat: «Redacté dos cartas, una para los medios de comunicación y otra para Televisión Española, y aún sigo lamentando que los encargados de transmitir estas cartas se afanaran más en entregarlas a los medios que a Juan José Rosón, que era entonces el responsable de TVE, contraviniendo así las indicaciones que yo les di. Desde aquel momento aparecieron toda clase de presiones intentando que me retractase. Yo no podía hacer tal cosa: ya había reflexionado mucho sobre lo que estaba haciendo, sobre los riesgos que acarreaba aquella decisión. Quien tenga hoy menos de treinta años no puede ni imaginar qué clase de represión era aquélla. Yo corría el riesgo de no poder ejercer mi profesión nunca más, y de hecho tuve que irme del país para poder seguir trabajando.»

Corrieron toda clase de rumores, se lanzaron insidias de toda índole, la crítica fue inmisericorde, y quienes aplaudían aquel gesto de coraje no podían decirlo impunemente. Se dijo que le habían ofrecido dinero por adoptar aquella decisión; también se aseguró que intentaron comprarle para que se retractase. Pero aquellas calumnias (el eterno «calumnia que algo queda» de este país) no tenían sentido: «No había dinero para comprar la carrera de una persona. ¿Cuánto me tenían que dar para que me estuviera arriesgando a no poder cantar nunca más en mi país? ¿Quién podía saber cuánto iba a durar la situación que vivíamos en aquel momento? ¿Quién podía intuir en el año 68 que algo podía cambiar? Y viceversa: ¿cuánto dinero hay que pagar para comprar la dignidad, esa dignidad con la que te tienes que meter en la cama cada día?»

Serrat no oculta que pasó verdadero miedo de que le agredieran: «Yo ya sabía que aquello podía ocurrir y, la verdad, prefiero vivir con el miedo que con la vergüenza.

Vivir con miedo es terrible, pero vivir avergonzado debe de ser insoportable.»

Tras el episodio de Eurovisión, Joan Manuel edita uno de sus mejores discos, y quizá el más conocido de todos ellos, *Dedicado a Antonio Machado, poeta*, que consigue un gran éxito en España y le abre definitivamente el mercado latinoamericano. Más tarde publicará *Mediterráneo* y *Miguel Hernández*, con los que consolida su prestigio. En 1975 aparece *Piel de manzana*; nada hace presagiar que unos meses después de su lanzamiento el disco será vendido clandestinamente y su autor estará en el exilio...

El problema se suscitó a raíz de las ejecuciones de dos etarras y de tres miembros del FRAP en septiembre de 1975. En agosto se había promulgado una nueva legislación antiterrorista que enfatizaba la pena de muerte para los terroristas, y el 21 de septiembre aquellos cinco hombres fueron fusilados. «Yo viví con gran intensidad los preparativos de la ejecución, seguí el día a día con auténtico pavor de que aquella atrocidad llegara a consumarse», cuenta Serrat. El 29 de septiembre Serrat efectúa en México y ante un grupo de periodistas unas declaraciones en las que manifiesta su «absoluto repudio a la pena de muerte, a la violencia establecida y oficial». Aquellas palabras fueron suficientes para que las autoridades españolas lo anatematizaran. Las reacciones oficiales no tardaron en producirse: se prohibió la venta de sus discos y la emisión de sus canciones por la radio.

Por último, el Sindicato Nacional del Espectáculo le expulsó de su seno y suspendió indefinidamente el visado de los contratos que pudiera presentar el artista hasta que no se retractase de las declaraciones efectuadas en México. «Curiosamente, aquello se calificó de "autoexilio" —cuenta Joan Manuel—; todos los exiliados se autoexilian, porque saben que si no lo hacen van al *talego*. Yo tenía por aquel entonces que enfrentarme a un proceso por injurias al Jefe del Estado. ¡Vaya "autoexilio"! Si llego a quedarme, automáticamente hubiese ido a hacer compañía a cantidad de amigos, conocidos y compañeros que, por aquel entonces, gozaban de la hospitalidad del Estado.»

Aquellos acontecimientos se produjeron cuando España, que no tenía relaciones diplomáticas con México, estaba montando allí una oficina comercial, y la reacción del entonces presidente Luis Echevarría fue muy virulenta: prohibió incluso la entrada de españoles en el país. «Yo estaba viajando por América —refiere Serrat— y viví aquello desde allí. Viajé desde Cuba a México, donde tenía un compromiso profesional, y nada más aterrizar recibo una llamada en la que se me dice que a mí no se me prohíbe la entrada. Yo tenía ese compromiso de trabajo, y el haber dicho "no voy" hubiera significado obviamente que estaba de acuerdo con las ejecuciones de Franco, porque nadie hubiera sido capaz de dar mejores explicaciones en una prensa tan mediatizada como la de entonces. Me hubiera gustado ver quién, en mi situación y en aquel momento, hubiera sido capaz de declarar algo así: "Mire usted, yo no estoy de acuerdo con las ejecuciones, es más, estoy en contra y creo que Franco es un asesino, pero como español también me niego a entrar en México." Eso hubiera sido una manipulación tremenda, y no me quedó más remedio que enfrentarme a los medios de comunicación y explicar de verdad cuál era mi punto de vista sobre todo aquello. Mis declaraciones provocaron la apertura de un proceso por injurias al Jefe del Estado y la reacción represora de un personaje siniestro que hoy dirige una publicación semanal en este país (gracias a una libertad de expresión que él nunca defendió) y que en aquel momento era el presidente del sindicato vertical de Artistas de Teatro, Circo y Variedades, que todavía entregaba un carné con el escudo de la Falange Española Tradicionalista y de las JONS. Este señor me expulsó de su sindicato, cosa que le agradezco profundamente, y yo tuve que quedarme dando vueltas por el mundo, viviendo un exilio que, afortunadamente, en mi caso, fue corto. Duró sólo once meses, pero por su brevedad no fue menos tremendo. Yo creo que el exilio es un castigo enormemente sádico e injusto.»

El 20 de agosto de 1976, con Franco ya muerto y Adolfo Suárez en la Presidencia del Gobierno, Joan Manuel Serrat aterrizó en el aeropuerto de Barcelona, aun a riesgo de ser detenido. La decisión de volver a España no la había tomado en solitario, sino con un grupo de personas pertenecientes «a lo que hoy se vuelve a llamar la oposición». Todavía estaba constituido el Tribunal de Orden Público (TOP) y había muchos compañeros suyos que permanecían «guardados» en las cárceles. Su decisión pretendía presionar sobre esta situación insostenible, activar los vientos reformadores que empezaban a soplar con fuerza en el país y contribuir a destruir definitivamente el engendro totalitario que fue aquel Tribunal de Orden Público. «Entre todos decidimos que la vuelta se haría el 20 de agosto, sin que se hubiese declarado aún la amnistía que todo el mundo estaba exigiendo. Se pensó que era oportuno que llegase un viernes, porque el sábado y el domingo el TOP no funcionaba. Según lo planeado, a mí me tenían que detener y mantenerme encerrado unos días. La detención había de servir para justificar movilizaciones, para armar mucho griterío. O sea que yo volvía en plan de chivo expiatorio. Hoy día me acuerdo con precisión de la fecha porque mi padre murió un 20 de agosto. Antes del viaje había realizado una profunda meditación para tranquilizar mi cuerpo y mi espíritu, había asimilado bien lo que pensaba que me iba a suceder y me había preparado a fondo para llegar relajado y digerir la cara de mi madre cuando se me llevaran. Pese a todo, llego lógicamente preocupado, y en cuanto bajo del avión me detienen efectivamente y me llevan a la comisaría del aeropuerto a interrogarme. Allí me mantienen una hora y media, me hacen varias preguntas muy suaves y me dejan ir, aunque retienen mi pasaporte. Aquélla fue una de las mayores frustraciones de mi vida. No sentí la menor satisfacción, porque venía preparado para lo peor. Tuve una decepción tremenda. Salí a la calle y Mónica Randall me dejó un Seat 1.430 de los de la época para escapar corriendo. Aquel coche me fue muy útil durante los días siguientes, porque no tuve más remedio que cambiar de casa constantemente para evitar, como otros muchos ciudadanos mal vistos por el régimen saliente, que me dieran una paliza los grupos parapoliciales que se dedicaban a este menester, y que de hecho cometieron numerosas agresiones en Barcelona. En uno de mis desplazamientos, cuando iba hacia la Costa Brava en el coche y camino de la casa de un amigo mío, me detuvo la Guardia Civil en una gasolinera; yo iba indocumentado, porque el pasaporte se quedó en el aeropuerto, pero, por fortuna, el gasolinero dio fe de mí y me dejaron marchar...»

Serrat afirma que posee conciencia política casi desde que tuvo uso de razón, «porque, por desgracia, me tocó vivir profundamente sumergido en el bando de los vencidos, constantemente humillado por las actitudes arrogantes de los vencedores, que fueron muchas, muy continuas. Por esa insistencia en la agresión, nunca la cotidianidad o la rutina consiguieron amortiguar mi sentido social, o mi sentido político, o simplemente mi sentido de la realidad». Con todo, «más que un compromiso político de partido —afirma—, yo tengo un compromiso muy personal, he sido poco dócil para aceptar la disciplina que imponen las estructuras de los partidos. Hace años fui severamente criticado por algunas fuerzas políticas con las que mantengo unas relaciones normales. No he sido un elemento cómodo». Sus ideas son tan sólidas como lineales: «Creo que la lucha por la libertad es una lucha constante, que no acaba nunca, que no debe detenerse por el hecho de que se haya conseguido acabar con una dictadura que ha servido para estimular aquel combate. Yo pienso, en cambio, que este combate por la libertad ha de ser permanente, y ha de dirigirse a mejorar el llamado Estado de Derecho, en el que la libertad está siempre enmascarada, en el que a menudo te "venden" una libertad falsa. Porque la libertad no consiste en depositar cada cierto tiempo un papelito en una urna; porque las libertades de enseñanza, de libre acceso a la riqueza o a los medios de producción están totalmente manipuladas, y porque la libertad de información es sistemáticamente escamoteada. Por eso creo que la lucha por la libertad ha de mantenerse de forma permanente.»

Amigo de sus amigos, conserva «todos los que la vida me ha permitido guardar, los que la memoria me ha permitido conservar y los que la estupidez no me ha hecho perder». En general, se considera afortunado por tener «un buen manojo de buenos amigos». Y piensa que, en su caso, el éxito no le ha aislado, le ha permitido conservarlos.

El dinero no le atrae en exceso, lo aprecia porque «da unos márgenes de libertad que sin él no tendría; me ha permitido solucionar problemas que de otro modo no se hubieran resuelto». Sin embargo, está seguro de que «no se debe confundir el valor y el precio. Y yo no voy a confundir tampoco lo caro con lo que cuesta mucho dinero». Tiene muy desarrollado el sentido del equilibrio gracias a la gente que le rodea: «Uno no se equilibra o se desequilibra solo. Uno está equilibrado porque su entorno se lo permite. Yo se lo debo todo a la gente que he conocido, a los que han hecho algo por mí. Sin toda esta gente que me ha acompañado a lo largo de la vida, no me hubiera sido posible llegar hasta aquí.»